月谷集

이 책은 2018년도 정부(교육부)의 재원으로 한국고전번역원의 지원을 받아 수행된 '권역별거점연구소협동번역사업'의 결과물임

This work was supported by Institute for the Translation of Korean Classics-Grant funded by the Korean Government

韓國古典飜譯院 韓國文集校勘標點叢書

月谷集 3

吳瑗 著

朴在錦 校點
李恩英
洪學姬

凡例

本文

1. 이 책은 吳瑗의 文集인《月谷集》을 標點·校勘한 것이다.
2. 이 책의 底本은 韓國文集叢刊 第218輯에 실린《月谷集》이다
3. 原底本은 1752년에 芸閣活字로 간행된 初刊本이다. 그 所藏處는 서울대학교 奎章閣(圖書番號 : 奎5854)이다.
4. 校勘에 사용된 주요 參考資料는 다음과 같다.
   - 文穆公遺稿 : 吳瑗 撰, 고려大學校 中央圖書館 소장(圖書番號 : D1-A2404)
   - 江漢集 : 黃景源 撰, 韓國文集叢刊 224-225, 國立中央圖書館 소장(圖書番號 : 일산古3648-文94-12), 民族文化推進會, 1999.
   - 雷淵集 : 南有容 撰, 韓國文集叢刊 217-218, 서울大學校 奎章閣 소장(圖書番號 : 奎2900), 民族文化推進會, 1998.
   - 晉菴集 : 李天輔 撰, 韓國文集叢刊 218, 서울大學校 奎章閣 소장(圖書番號 : 奎4081), 民族文化推進會, 1998.
5. 對校, 本校, 他校를 통해 저본의 잘못이 명백히 증명되는 경우에는 본문을 고치고 교감기를 달았다.
6. 典據는 없으나 일반적인 용례, 또는 문맥에 비추어 저본의 잘못이 명백한 경우에는 본문을 고치고 교감기를 달았다.
7. 本文의 誤謬로 의심 가는 점이 있으나 根據할 만한 對照本이 없을 경우에는 校勘記에 그 내용만 언급하였다.
8. 本文에 쓰인 異體字 가운데 현재 일반적으로 通用되지 않는 글자는 모두 代表字로 고쳐 쓰고 校勘記는 달지 않았다. 代表字 판단은《한어대사전(漢語大辭典)》을 따랐으며, 한국고전번역원의 '이체자 정보 검색 시스템'을 참조하였다.
9. 板刻이나 筆寫 과정에서 관행적으로 通用하던 글자는 文脈에 맞게 고쳐 쓰고 校勘記는 달지 않았다.

예) 己 已 巳, 簫 蕭

10. 이 책에 사용된 標點符號는 다음과 같다.

。	疑問文과 感歎文을 제외한 文章의 끝에 쓴다.
?	疑問文의 끝에 쓴다.
!	感歎文이나 感歎詞의 끝, 강한 語調의 命令文·請誘文·反語文의 끝에 쓴다.
,	한 文章 안에서 일반적으로 句의 구분이 필요한 곳에 쓴다.
、	한 句 안에서 竝列된 單語 사이에 쓴다.
;	複文 안에서 구조상 분명하게 竝列된 語句 사이에 쓴다.
:	완전한 引用文의 경우 引用符號와 함께 쓰거나, 話題 혹은 小標題語로서 文章을 이끄는 語句 뒤에 쓴다.
“ ” ‘ ’	직접 引用된 말이나 强調해야 하는 말을 나타내는 데 쓰되, 1차 引用에는 “ ”를, 2차 引用에는 ‘ ’를, 3차 引用에는 「 」를 쓴다.
【 】	原文의 註를 나타내는 데 쓴다.
·	書名號(《 》) 안에서 書名과 篇名 등을 구분하는 데 쓴다.
《 》	書名, 篇名, 樂曲名, 書畫名 등을 나타내는 데 쓴다.
____	人名, 地名, 國名, 民族名, 建物名, 年號 등의 固有名詞를 나타내는 데 쓴다.
□	빠진 글자의 자리에 쓴다.
▨	毁損된 글자의 자리에 쓴다.

目次

1. 目次는 底本의 目錄과 관계없이 별도로 整理·收錄하였다.
2. 本文에 제시된 題目을 그대로 싣는 것을 원칙으로 하였다.
3. 題目 아래 附記된 紀年·人名·篇數 등은 原註로 처리하였다.

目次

月谷集 卷十二

墓表

行狀

諡狀

遺事 行錄附

月谷集 卷十三

祭文

月谷集 卷十四

祭文

哀辭

雜著

月谷集

卷十二

墓表　遺事

行狀

諡狀

墓表

黃州牧使元公墓表【庚戌】

原州元氏自忠壯公諱豪世著忠藎。忠壯五世有諱命龜字瑞九，興平尉諱夢鱗之嗣，孝宗大王外孫，爲人敦朴嚴重無矯飾，內確有守不可奪。累官州郡，意不樂，退居驪江。

今上四年戊申，國有難，上游大擾，世族多鳥竄，公亟裝赴京師。賊定，子弟請且避地峽中，公歎曰："吾世臣，蒙厚恩，誓以身報，汝自爲百口計。"

常慷慨心憂王室，年五十一遽以庚戌四月八日卒。噫！世衰才難，用公材地臨緩急，國必有賴，而卒無位、無年，豈非天歟！

公素簡默，不喜交遊，世鮮知其志。公律身有矩度，臧否嚴甚，尤篤內行，生養、喪哀竭誠意。自奉甚約，傾財贍諸弟，撫孤姪一均己子。其爲官廉明，執法不饒貴强，吏慴而民懷。觀公所躬行，其不試者，可知也。

孤景夏等葬公于原州壯巖艮坐原，直先兆可三里。刻石表墓，使其友爲公重表姪者首陽吳瑗記其陰。

本生先考工曹正郎府君墓表陰記【甲寅】

嗚呼！ 惟我吳系海州。 高祖考宗親府典簿贈議政府左贊成諱士謙以孝聞，曾祖考諱翻用文學、政術顯，早卒，止慶尙道觀察使，亦贈左贊成。 祖考忠貞公諱斗寅事我仁、孝、顯、肅四朝，位正卿，仁顯王后出宮，直諫受禍。 追爵上相，以庚申十一月朔日生公。

公字明仲，幼而老成，寬洪寡默。十歲遭家禍，妣黃夫人母儀齊肅，叔兄海昌公禮訓甚備。 十五就文簡金先生昌協甥舘受業。行藝純茂，名甚士林，謂“必世忠貞公家”，而甲午始中司馬兩試。明年拜東宮洗馬，五遷爲工曹正郎，階通訓大夫，外則爲金城令。晩謝世事，盤桓田廬，甲辰九月二十六日病卒于京第，葬于龍仁縣駒興里艮坐原。

元配金氏，文忠公壽恒孫，賢明服禮，有女士行。生先公一年，庚辰七月十七日卒。有一男瑗，弘文館校理，出繼海昌公。

繼配鄭氏，郡守希先女，翼憲公太和曾孫，端詳慈儉，婦道謹甚。少公一歲，戊子四月二十二日卒。有一男琬，爲伯父後。

繼配徐氏，通德郎命德女，忠肅公渻六世孫。 有二男瓘、瓚，瓚嗣季父忠貞公，五男四室之後，實公出也。

嗚呼！公在家爲孝子、順弟，宗族誦焉，守職廉謹，澤在吏民，端良簡潔，質直無僞，人無親疎，莫不稱士君子。瑗不肖何敢私也？ 然其識明守確，憂思深遠，拳拳懷忠國之志，而不幸不試於時者，知者亦鮮矣。

嗚呼！惟先祖忠孝積累，公蓄德受羸，宜食天施，以瑗不孝惡積，使其親不克享有壽祿。神祇降割，猶未隕滅，頑愚無狀，無以嗣揚德懿，血泣刻石，章其罪戾，且告穉幼，尚有待焉。

皇明崇禎後再癸丑季夏，立。

行狀

恭人楊州趙氏行狀【壬子】

恭人楊州趙氏，安東金君履健剛伯妻也。曾祖判書忠靖公諱啓遠，祖郡守贈領議政禧錫，考敦寧府都正諱泰果，妣延安金氏，重元女。

生於崇禎後丙子十二月七日，十七歸金氏，爲觀察使諱時傑之適孫婦，今榮川郡守令行，其舅也。生三男一女，以壬子正月八日沒，得年三十七，葬于洪州朝暉谷金氏兆次坐癸原。

剛伯，吾外兄也，吾姑嘗亟稱恭人孝婦，哭之甚於哭其女。旣而榮川公手錄恭人遺事，命余曰："吾子婦之行，子所知者，然自吾述之，疑乎私也。子其次爲狀。"嗚呼！女子有家，莫難於得舅姑心，恭人之賢，人孰間於榮川公之言也？

恭人幼端莊雅重，足不出閨閾，事親長孝敬篤至，口不及人長短，喜怒不輒形辭色，綽然有丈夫器量。季父忠翼公嘗曰："兒容儀簡重，而中更樂易柔和，眞貴法也。惜不爲男子以昌吾門。"

及歸，舅姑愛之殊甚。恭人夙夜敬謹靡懈，凡其怡婉承奉者一出深愛，無毫髮强勉意。癸卯榮川公慍于凶黨，遠竄嶺海。恭人慮禍不測，日夜焦灼，幾廢寢飯，涕泣慕舅姑，眼爲之瘼。見時鮮物，輒曰“嶺外亦有此乎”，不忍近口，其至孝如此。

奉家廟，寓洪州墓下。每祀，必先期掃庭除，手潔籩豆，勅婢僕必服澣衣盥濯然後使佐烹芼。祭之日，達宵端坐，人勸假寐則曰：“上下皆睡，或遂失時奈何？”嘗曰：“近俗尙巫卜，求滋福弭厄，而或反忽於奉先祀，其惑甚矣。若致敬承祭，祖先神靈必當陰隲，豈比巫祝之冥報乎？”間又上先塋遍謁，歸而曰：“婦人生長京師，得見先壟，罕矣，吾今得拜舅家先墓，沒可無憾。”剛伯從祖青松公聞而歎曰：“祭焉盡敬，墓焉必拜，有此孝婦，足慰吾伯氏靈矣。”

剛伯季弟履億隨恭人往，恭人撫育以至誠。履億曰：“吾嫂愛我無間生我。我當事之如母而必服朞以報此恩也。”愍夫姊妹之貧窮，傾藏濟急，不問己有無，親黨皆以爲難。

戊申寇亂，恭人侍舅姑洪州。時倉卒村里波蕩，而剛伯在京師，諸弟又適散處。恭人身獨將護周旋，安然如常日。

旣而姑瘧疾危甚，恭人晝夜扶侍，不解衣累月。嘗夜仰天潛禱曰“天何不移此病於我乎”，榮川公竊聽而感歎。榮川公繼患瘧，益祀。恭人左右侍湯，竭誠無懈。卒以痊安，舅姑喜曰：“吾夫婦之得蘇，孝婦之感也。”

其與剛伯處，遇事，不忘規益。嘗曰：“士獨處無自愧，行事無可諱，斯爲吉人矣。”又曰：“取友不端，必以誤身，願交遊之愼也。”客去必問，或非其人，愀然曰：“與此輩遊，何益吾行乎？”又曰：“末路科名，坑穽也。處吾廬、讀吾書，則門戶可保。家雖不給，子可以供菽水，吾可以治裘葛，榮達非願也。”剛伯嘗遭人讒言，恭人勉之曰：“辨謗徒益謗，不如杜門自靖。”剛伯重其言，常視以畏友焉。

簡於言辭，在舅姑側，非有問，終日未嘗開口，雖遭橫逆，夷然順受，未嘗一言分疏。常曰：“凡言多者必不中節。且譽人之美，近於諂；言人之短，傷吾德。少言雖似無味，可免招人唇舌。”是以一家大小無間言焉。

自病憂患厄，以至囊篋有無，一未嘗置心慮，人莫窺其淺深。或譏其迂則笑曰“事皆有前定，何必躁躁費心乎”，平生不蓄私財。都正公屢典州郡，或有所遺，卽以獻于姑。始剛伯晬日及選司馬，舅家有別給田僮，而終不私用。或曰“舅家所賜，辭而不取，何也”，恭人曰“衣食皆舅家，又何用私財？年少婦女私蓄產，吾甚羞之”。

榮川公前後宰邑，一無所干求。公之初赴榮川，剛伯試恭人曰“出馬輸官物，可受其貰，何不以救私窘”，恭人驚曰“吾若受貰價，此實本家自取也。吾何敢貽累尊舅乎”。

凡無名、非義之物，未嘗一芥取，而見親黨貧窮者，施與無慳，篋中無尺布餘。慮爲姑憂，口不言貧，惟夙宵勤女紅，至指生疣，猶不知疲，瀡瀡之養。不務豐侈，而盡誠無缺，人不知其乏焉。

嘗憂姑壽服無錦裳，私自辦藏篋中。雖窘甚，嫁時衣裳無一典賣，及沒而斂，無取諸市者。外此惟數領弊衣及舅姑筆札，又藥裹數種而已。蓋親癠所須也，其篤於誠孝而忘己之私，可見也。

病時，人有偶及妯娌間語，瞿然不答，但曰“婢僕或聞此語否”，友愛之情死猶未替。既革，精神了然，命婢抱諸穉出，無悲戀容，恐傷姑心也。又請剛伯出戶，使庶姊坐側而絶，其從容於死生之際如此。

剛伯諸弟哭之哀，盡曰“吾嫂亡矣，誰安吾父母者”，金氏衆親戚一口曰“惜也！賢婦何無年也”。及窆，村人爭來役曰“昔恭人之寓吾里，振貧濟窮之恩，何可忘乎”，其仁心之孚於遠近，又可知矣。

剛伯幼，育于先大夫，與余有同胞情。恭人之歸，先大夫喜而亟賞之曰：“吾妹有此賢婦，其無憂矣。”恭人之賢，果不負先大夫之知，而獨不幸夭閼，不能卒承舅姑之養以畢其孝心，使剛伯中道而失嘉耦倀倀焉無與左右。嗚呼！豈非命歟！

余謂恭人之孝固足爲世之事舅姑者法，而其識明心弘、勤謹自飭，雖讀書君子，蓋不必過之。豈閨閤褊性所可及也？世有秉彤史之筆者，採恭人言行之懿，列而書之，宜無愧焉。故余於恭人一言一事無不備記，雖繁而不殺，以應榮川公命。

首陽吳瑗謹狀。

從叔父左尹公行狀【丙辰】

公諱重周，字子厚。我吳系海州，自上祖高麗軍器監監諱仁裕，代有官閥。

至我穆陵之世，有諱定邦，魁武科，慶尚右道兵馬節度使。歷光海昏亂，持正不撓爲名臣，公之高祖也。曾祖諱士謙，宗親府典簿，贈議政府左贊成，以孝聞。祖考諱翊篤行、有文，官止司僕寺主簿，贈吏曹判書。考諱斗興早卒，以公貴贈兵曹參判，我王父忠貞公之兄也。妣善山金氏，高麗忠臣澍之後，高靈縣監宗沇之女。

以崇禎甲午四月十一日生公，幼而峻茂恢達，嬉戲異凡兒。乙巳遭參判公憂，哀毁如成人，金夫人挈諸子守喪于安山田舍，公已能相諸兄幹治家事。一夕刦盜至，公急扶太夫人出，而伯、仲公被歐幾殊，公復冒刃入救，中創傷左肩。伯、仲公竟不起疾，而公亦創甚幾廢，因以失學。

年十七始奮自誓曰："大丈夫安能與草木朽也？"遂請于忠貞公，決志習武事，累擧，輒屈曹偶，忠貞公亦不能禁也。

庚申中庭試丙科，公顧不事候謁，日侍忠貞公側，恂恂修子弟職甚勤。諸公卿造忠貞公門者必招公與語，公容貌俊偉，周旋應對敏而有常度，諸公見者無不期以遠大。

清城金公錫胄尤器重之，賀忠貞公曰："公家出武人非可賀者，是將爲國大器，烏得無賀？"因勸公數來訪，而公故不往。金公屢爲言，公謝曰："非不欲謁相公，而顧不忍媚相公閽人以求謁耳。"金公家紀綱者有豪悍恃勢名，故公對如此，忠貞公亦難之。

明年赴防北關，方伯尹公堦一見公，奇之，留置幕下，遇事必召公與議，使其子弟同遊處曰："此汝益友，無以武人視也。”

壬戌居金夫人憂，乙丑始除宣傳官。肅宗拜先陵還，閱武於郊次。時令出倉卒，壇上執事未具，諸僚惶遽失色。公從駕後趨進攝事，傳布命令，作止中節，一軍相顧稱歎，上亦目屬者久之。

丁卯陞訓鍊院主簿，遷都摠府都事，出爲輸城道察訪，嚴守法禁，驛路爲之肅然。有屬驛吏豪健亂法，官不敢何問，公立斃之杖下。翌年竟坐擅殺，對理解職。

己巳仁顯王后出宮，而忠貞公以直諫受禍。公涕泣護諸孤，躬治喪葬，俾無憾焉。當禍初，公亦坐禁錮，旣又命解之，而公杜門削迹，不與人往還。

辛未始除兼宣傳官，遷訓鍊院判官、僉正、都摠府經歷，雖黽勉從仕，而非其志也。明年出爲草溪郡守，以善荒政再被錫馬之褒。

公居官裁事，若不費心力，而事無艱鉅，率先期以辦。臨下凝默，不威而嚴，豪猾吏屛氣，莫敢仰視。其罪重當死者，正坐令施杖，告斃迺止，亦未嘗大聲色也。謹守三尺法，其有可爭，雖上官以威臨之，終不撓也。

丙子解歸，丁丑由訓鍊都監把摠除定平府使，又以賑政居最，命錫馬。

己卯內移訓鍊院正兼備邊司郎廳。時北溪李公世白在廟堂，以公才宜大用而久沈下僚，力爲獎引。李公素以嚴峻見憚，公嘗因公事爭難。李公盛怒以胥之，公抗辨終日不爲屈，李公卒乃悟，從公言，愈益重之。

是歲陞折衝階，授洪州討捕使，未及赴，翌年移內禁將。冬除江界府使，未赴，明年由禁衛千摠，授全羅右道水軍節度使，行至天安，陞本道兵使。

公在外閫，紀律嚴整，人莫敢干，而撫卒伍有恩數，試砲射厚賞賜，以聳動其心。由是所在軍校無不愛戴，旣去而又無不追頌者。

癸未瓜滿還，爲御營別將，復移內禁將。明年復由禁衛千摠，拜宣傳官，授咸鏡南道兵使，病不赴。

乙酉由訓鍊都監千摠，出爲寧邊府使，朝家申濫率法，公以長子病劇挈子婦之官，卽自首，解綬歸。

明年由訓鍊都監別將，復拜宣傳官，丁亥擢除禁軍別將，陞嘉善階，帶都摠府副摠管。尋爲禁衛中軍，自後周流諸營中軍，入摠府尤數，不可悉記。

是秋薦授統制使，大修海防。因李忠武公龜船，益新其制以駕海，尤便利。事聞，命頒其制於諸海路。

明年秋，臺臣李正臣劾公以酒失。語多爽誤，上不聽，而公竟辭遞。公少喜鄕居，官暇必尋田廬，耕漁射獵以爲樂。至是，自以官高涯分已足，歸而築室於陽城天德山下先墓傍居焉。吾先考海昌府君取司空表聖語，手書其扁曰“二宜堂”，公喜曰：“是吾志也。”旣而累有除命，不敢乞身以退，而其無官則未嘗不卽還也。

庚寅以訓鍊院都正，薦授平安道兵使。拜辭日，上召見教曰“安州，西路要衝，而城池頹廢，軍政尤踈漏，予甚憂焉。卿其相機措置，以稱予委寄之意”，公拜受教。赴任之明日，躬審城堞，日督營下卒，輸土石繕治，身莅畚锸以董之。踰月告完，而民不知其役也。

又與方伯權公愭議，丁夫出布二疋者，皆減其半，而因爲更番留屯之制以固備禦，一路兵民已鼓舞頌惠。而會因邊民犯禁，公與權公俱罷官，其經畫通變未及如公志，議者惜之。西人至今思公，刻石銘其德云。

壬辰除春川府使。明年夏臺臣趙鳴鳳遽請罷公職，醜詆不倫，至有“剝民肥己”語。僚臺爲直其誣枉，而公屢辭遞還。

丙申秋出爲忠淸道兵使，戊戌春移授統制使。是秋又有臺臣朴弼正劾公，語愈謬妄，物論大駭，公力辭解歸。

庚子秋除京畿水使，營素羸弊，械器朽弱，公悉力繕治，作待變廳於海上以固防虞。水使兼治喬桐，而邑力殘甚，客使往來供億，專責民賦，民大困。公鳩錢穀以千計，設庫斂散取辦，民力大省，到今賴之。辛丑秋病遞，入爲禁軍別將副摠管。

公自初登朝，已爲諸鉅公所器許，而性恬素伉直，既見世人趨競忮求而不知愧，自悔其涉迹於仕塗也。非公事，足不及貴人門庭，又見居州閫者豐饋遺而媚結權要，尤深耻之。嘗曰：“吾雖不肖，以弓馬發身，而亦嘗奉家先忠義之訓矣。使吾忘耻喪操以取一時之利，縱不自愛，柰辱祖先何？”

故自少至老，未嘗少貶其志以求容於人。以此多不悅者，間亦屢遭覽言，人爲之駭憤，而公則夷然不介意。躋宰秩二十年，愈逡巡於進取之會，少年後進多驟顯迭主中權，世皆爲公稱屈，而公輒笑曰：“是吾之福也。”

嘗以蒙國家渥恩，期用死報，當肅宗寢疾，焦憂見色累年如一日。及大喪，哀慕若喪考，語及之，必流涕。其自畿營還舟次，聞今上升儲副，喜失聲曰"今而後吾死無憾"，如是者再三，侍者爲感動。

是年冬，景宗下教令世弟代理，百僚造庭請還收。俄而上有非常敎，大臣與諸宰臣議停庭請，而代理之命亦寢。及壬人用事，將殺諸大臣，而以同聲唯諾按諸宰罪，禍色甚亟。公輒自首共罪，時輩使人諷"公，武臣，不必自同諸人"，公不應，遂被削黜，歸陽城，時壬寅春也。

絶意世事，治園池、花竹，自號野隱，將終焉，繼而有遠竄之啓。癸卯夏謫南原，買舍山村，日逍遙水石間，安於窮約，不以一毫累官私，每監司巡至邑，必身詣邑中，待候惟謹。

乙巳春，奸黨黜，起謫中，除禁軍別將，尋拜捕盜大將副摠管。始公以上新服有恩命，義不敢不造朝，而蓋無久志也。明年以老病解官歸陽城，自是連除全羅·黃海道兵使、訓鍊院都正、副摠管、禁軍別將、捕盜大將，皆不起。

戊申之亂，賊發陽城境，傍郡皆鼎沸，道路且梗，而公飭家人無輕動，策一駑馬，奔問京師。毅然無怖色，鄉里賴而爲安。朝廷憂海路，復授公京畿水使，公卽之任，居一年，引疾遞，直歸陽城。

庚戌除漢城府左尹，辛亥同知中樞府事，壬子兼訓鍊院都正，卽皆辭遞不赴，癸丑以年八十陞嘉義階。

公謝事以後，幅巾、鶴氅坐一室，左右圖書，蕭然如寒士居。一切豐約、得喪，不入於其心，獨喜看書，其觀古人忠孝節行，必擊節嗟賞，爲子弟誦道而勸勵之。

凡國朝典故、先輩美事，以至邊防險易、利害，少日所聞見者，逢人輒纚纚語不倦。間亦縱言平生出處，以及辛壬之事，則高談慷慨，忠憤激切，往往泣下沾襟。士大夫之行過畿湖者必歷尋公居而聞公談論，未嘗不灑然動色也。

陶菴李公縡雅敬重公，輒命駕相訪，有詩相唱和，且爲《二宜堂記》，稱引公晚節甚盛。於是一時人士皆賢公之志，而慕尙其風節，雖異趨不相知者，亦無不服其趣操也。

公既登大耋，而神氣康旺，視聽益聰明。日必晨起，開戶坐，邀集宗族，必有琴碁、酒食，湛樂終夕。暇則杖屨陟林園，臂鷹馳獵，或經宿而歸，祁寒風雪亦不廢，聞者尤異之。

乙卯冬感寒疾，十一月三十日考終于四友堂，享年八十二。病革，自知不興，而終無怛化之意，神識愈淸，言語不少爽。以其明年二月二十日，卽其家後壬坐之原，穿夫人李氏塚而合葬焉，西距先塋隔數岡。

公以武進，而持己恬潔，奉國忠謹，履正蹈義，不移於榮辱。屢閱世變，名節無玷累，晚乃守志丘園以完名終。其出處本末無一不合於古義，談者謂："公於是可以爲節度公之孫，而不愧忠貞公家風焉。"

公內行實過人。以祿不逮父母爲至慟，與諸子語輒泫然。尤謹於祭祀，既老矣而凡有事祖廟，自陳卓設饌，皆身莅之，必整必飭，至卒之年亦然。事仲、季父母如事親。

其自草溪歸也，以邑妓隨，我王母黃夫人使人迎語曰：

“娼流入門，其家必亂。若果爾，無見我也。”公瞿然卽遣歸，終身不改。

嘗自傷寡兄弟，撫二孤姪若婦，恩愛篤至。姊妹之子育于家者亦數人，由衣服飮食以至嫁娶資送，一均於己子，同爨數十口未常有纖毫間言。

庶叔在比隣，年差一歲，而尊禮之甚謹。非有故，必日往視，憫其老而貧，遇美食、溫衣，必分之。

從弟家隔一麓，無一日不相會。同案而飯，審其寒燠而授之衣，或日晏不至，輒遣人速之，不欲須臾離也。

與吾先考友弟愈篤，相許爲知己，有事必咨，言無所不從。爲先考多病，日來相守，集親黨，言笑懽然以悅其心。及先考卒而公在湖西營，以未面訣爲沒身之憾也。

待故舊有信義，不以存沒易心，爲人謀而忠，甚於己私。雖素不識者，聞其沈屈，必出力而推挽之，其有罹訾謗者，必爲之辨洗甚勤。

尤喜施與，視貨財如土芥。恤人窮急，不問家有無，見新進貧無資者，或輟其戎服、鞍馬而與之，其家無長物焉。

屢官雄饒地，人無親疎，歸者如家而應之若流，無難色。人或意其太費，然公律己甚簡，絲銖無所自免。故所過公儲充溢於始至，而其納祿而歸，甔石枵然，以官糶繼朝夕，世乃服其淸也。

壬子歲荐饑，家益窘急，而公得公、私假貸，輒以食貧族之不能食者，見人飢或罄儲而周之。設釜堂前，爲糜粥，飼僕隷，以及隣里。家人憂其難繼，公曰：“吾猶可復借貸，彼窮者安得此？吾不忍視其死也。”

鄕人來見者，無賢愚待之如一，口不道人是非，飭奴僕不敢出聲與人爭競。以此鄕黨莫不悅服，及卒，遠近悲之如親戚。公平居制行坦然不爲修飾，而其孝友仁厚出於天性如此也。

公與人談笑，樂易可親，而中實嚴正，見人不正，若將浼之。燕居衣冠必齊整，几席器用，必井井不亂。辭氣安重，雖甚驚遽，未嘗有變。

其統舟師，遇大風海中。篙師無人色，舟中人皆顚仆，公神氣晏然坐板屋指麾，得泊于岸，衆皆歎服。臨事堅確，其心一定，人莫能奪。寧過於固執而不爲改，公之所養，可知也。

瑗獲侍公燕閒，久矣，公之善行可記者甚衆，而緐不敢盡書，惟略書數端以見公所就之大者，蓋不爲無素云。

李夫人，靖陵別子德陽君諱岐五世孫，龍安縣監諱㦤女。擧二男一女：男長琢、次璞，女適士人金熀。

琢娶士人兪命亮女，生二女：適李聖洙、朴致圭。璞娶觀察使韓重熙女，不育，再娶正字鄭徽周女，生一男，幼。金熀生二男：載尙、載齡。

公庶出三男四女：男琰，女適許謇、鄭震贇，餘皆幼，一女遺腹也。

嗚呼！世之知公賢者不爲少矣。然今之觀人，類以粗迹爲輕重，其能深知而篤論之，亦難矣。竊惟公質行之美，旣無愧於讀書談義理者，而自世道衰，廉耻日壞，學士大夫鮮能卒全其進退之節者。若公之屛退十餘年，終始一義，雖以擬之元祐完人，非誇言也。

世有君子，宜大書而表明之，以爲風敎勸，瑗不敢私有請焉。

隱谷處士贈司憲府持平吳公行狀【丁巳】

公諱斗雄，字季明，號隱谷。

我吳系海州，始祖諱仁裕，高麗軍器監監，其後世有官閥。至諱定邦，官慶尙道兵馬節度使，値光海斁亂，守正不撓爲名臣。是生諱士謙，官宗親府典簿，贈議政府左贊成。善居喪，竟以毁卒。

是生諱翮，少以文詞鳴，擢魁科。淸名、直道爲世所重，早卒，官止司憲府持平。娶原州元氏，大君師傅振海之女，慶尙道觀察使鋹之孫，麗季節士天錫之後。有丈夫子三人，公，其季也。

公生於崇禎戊子五月廿一日乙酉，以丙申三月八日己亥卒於陽城德山里第。家居讀書六十餘年，罕有鄉里之迹，而陽城之人至今誦其孝友之行，無老少如出一口，非宗族之私言也。

公六歲而孤，自幼事母夫人，定省、溫凊之節，已能竭其誠力，親癠未嘗須臾離側，婉愉順適，未嘗一毫違其意，其篤於孝，蓋天性也。

乙卯，母夫人寢疾，公衣不解帶者數月，及革，輒嘗糞，驗安危。時方嚴寒，日浴氷泉，號泣禱天。

翼年春，竟遭艱，晝夜哭踊，屢絶而甦。露宿柩前，不入倚廬，日所啜不過糜粥數勺。

旣葬，常伏筵几前土階以終晷，雖隆冬，身不近絮衣。公二兄憫其寒凍，爲築土室於廬側，公夜則處其中，枕塊而寢，晝必出伏土階如初。菜羹不入於口，哭泣無節，羸瘠甚而肢體皆腫，雖跬步，須杖乃起。

公仲父知樞公涕泣勉以薑桂，終不能强也。知樞公又毁其土室，勸公入居堊廬，公乃露處如未葬時，知樞公不得已復築土室，俾居焉。

朝夕必上塚號哭，墓前常伏之地，草爲之不生。墓去家稍間，而風雨、寒暑未嘗一日廢。値疾病，仲氏泣止，不得則輒奪其喪笠而藏之。公涕泣固請，必往乃已。每雪下，必躬進，執箒掃除，不使人代之也。

鄕黨親戚見公之致毁過節，皆憂其不勝喪，而公亦澌綴阽危者數矣。然克終其喪制，人皆異之，以爲至孝所感。

公自痛幼孤未服斬，旣去母憂，猶服禫居外又三年，蓋追喪之意也。

遇諱日，六日不肉，三日不解衣，危坐達朝，當祭，號慟如袒括時。至旁親之祭，亦齋潔甚謹，不以衰老改，及卒之年亦然。

與伯氏異居，而日必晨往謁家廟。或値冬寒，僮婢未及供盥，必手取雪頮面而往，未嘗差其晷刻也。事仲父及二兄，禮節甚備，就侍服勤，必終夕乃退，誠愛藹然，觀者爲感歎。

己未一邑人士合辭擧公實行，告于縣以申于監司，未報聞也。壬午多士又合辭言；“以某之孝友至行而未蒙旌賞，其何以激勸衰世？”於是監司具聞于朝，政府請除官以奬其行，肅廟可之。

前後邑宰慕公之行，多贄書致禮，公輒蹙然如無所容曰：“假使爲人子而粗修子職，其何敢以此爲名乎？”

公歿之十五年庚戌，邑中諸儒復陳公平生行義，請追加褒典，丁巳朝廷遂贈公司憲府持平。

公性恬潔寡欲，家貧簞瓢不繼，而居之晏然。少時屢從婦翁大郡，而有所與，輒辭不取。又嘗從仲氏於新溪縣，未嘗干絲毫事，及歸，官人相語曰：“某公只飮新溪水而已。”

平居言笑甚罕，惟日夜劬書，至老不懈，口誦經傳如己言。燕處亦必整襟長跪如對大賓，所坐木榻皆穿。

待人慈諒，雖童幼卑賤，與之言，惟恐傷之，恂恂然一接以誠心。尤不喜標置矜持，未嘗有崖岸嶄絶之行，而一鄕之人，雖婦孺至愚，莫不敬而信之，終始如一。嗚呼！是豈可以聲音、笑貌爲哉？

配恭人東萊鄭氏，忠淸道水軍節度使漢驥之女，左贊成靖節公矩之後也。莊勤秉婦道，事公五十年，以丙申二月六日丁卯卒，享年七十一。

有一男五女：男宗周，女適李壽頤、韓大震、沈兌殷、鄭鑛、李台齡。

宗周娶淸州韓有箕女，生四男一女：男瑋、璣、瑾、璥，女未行。

韓大震五男一女：男後洙、後濂、後洛、後涑、後汶，女適徐命達。

沈兌殷二男一女：男灝、漌，女適李鶴老。

李台齡一男：暹。

公始葬于陽城九千里甲坐原，庚子移葬于同縣天德山先塋右岡庚坐之原，鄭恭人祔其左。

公，吾王考忠貞公之從父弟也。公入京師，輒館於吾先考海昌府君，瑗雖幼，尙能覵公動容起居之節，中心悅焉。旣又聞吾先考輒道公內行而亟歎曰“吾叔之孝，當求之古人”。

瑗竊識之，不敢忘，今瑋致族父命，俾狀公事行。自顧無似，何足以闡揚潛德？惟是鄉邦之公誦、國家之褒典，庶幾質瑗言之非阿。若公豈非吾夫子所稱“宗族稱孝，鄕黨稱弟”者耶？玆敢以少日所聞覵敘次如右，用備立言君子之取裁。

噫！公之德美可書者多矣，而特詳於其孝弟之行者，亦以公之所立乎本者如此，其細不必備見云。

謚狀

長溪府院君芝川黃公謚狀【丁巳】

公諱廷彧，字景文。黃氏本長水人，六世祖翼成公諱喜相我世宗大王致太平，爲國元臣。曾祖諱蟾，忠武衛大護軍，贈兵曹判書。大父諱起峻，造紙署別提，贈議政府左贊成。父諱悅，肅川府使，贈議政府領議政長源府院君。”

公以嘉靖壬辰四月二十六日生。自幼嬉遊嶷然異羣兒，稍長聰明絶人。嗜書，善屬文，淹貫百家，而尤用力於經術，淵涵本原，不徒事章句也。

壬子升上庠，戊午及第，分隷承文院。薦授藝文館檢閱，陞待教，入春坊爲說書。辛酉遷戶曹佐郎，改禮曹佐郎。壬戌出補海美縣，就授忠清道都事，以事罷，復叙爲郎禮曹。

明廟末年，召集賢俊，拜司諫院獻納、知製教，選入弘文館爲修撰、校理，間授司憲府持平、掌令。丙寅以校理坐事罷，未幾復拜。順懷世子既卒，而上有疾不豫，無儲嗣。大臣憂懼，莫敢言，公以掌令建請選文行之士以教宗子，上從之，爲置王孫師傅。

復爲校理，與辛文莊公應時議上箚，請早定儲位，翌日長官移疾不出，箚不上。及宣廟入繼大統，而公未嘗一言及此，當時諸公皆爲之歎服。

丁卯，拜獻納移校理。宣廟新卽位，勵精求治，廣延名儒，日三聽講。公每侍講，據經論事，辭約而意盡，上傾聽不倦。時盧文懿公守愼與公同僚，亟稱公爲講官第一。

李文成公珥嘗論玉堂文僚，辛君望坐不讀書，其才退，而景文一意好學，才日進，不可當也，君望，文莊之字也。奇文憲公大升與公講論，亟嘆其精確，歸告其徒曰："吾爲若曹得師，他日入都，可執贄請業也。"

冬充書狀官，朝京師，戊辰還。拜校理，陞副應敎，上時弊十事。己巳陞司憲府執義，又免爲成均館司成兼春秋館編修官，與修《明廟實錄》。由校理，移司諫，庚午還校理，忤同官，被臺評遞，拜直講。上問筵臣李海壽曰："黃某久在予左右，未見有過。何遽被論耶?"嗟惜久之，改宗簿寺僉正。

癸酉遭母喪，乙亥服除。出牧楊州，居無何又以父喪去。居廬六年，不以毁廢學，學問益進。

戊寅，服除，拜軍器寺正。己卯，拜晉州牧，未行，改海州。庚辰，坐事罷，入爲掌樂院僉正。又拜晉州牧，未至州，病還，坐罷。李文成公爲言"公文學出人。嚮實有病，未之官，不宜以此久棄"，卽叙拜左通禮。

公爲學，尤深於禮，精通古今常變，而不泥於節文。其在朝而考論禮樂，衆莫能難也。故事當國哀，太廟祝號稱"哀孫某"，公上疏以爲："殿下於太祖稱'哀曾孫'，則是殿下以新喪事太祖也。至於列聖，莫不皆然。夫先王之禮，吉凶異施。宗廟之祭，鐘鼓鏗鏘，而列聖之靈洋洋在上，則豈以悲哀之詞亂其誠敬之心乎？”上命大臣議，皆是公言，後遂改稱“孝孫”。

癸未，上御禁苑，試文臣二十韻詩，公詩爲尤特，加階通政大夫，拜掌隷院判決事，未幾出爲忠清道觀察使。

國初叛臣投中朝，誣衊我國系，至載於《祖訓》及《會典》，列朝累奏辨其誣，而猶未刊正也。上嘆曰“國系受誣二百年，何可一日食息於天下乎”，遂命極選文學之士以充使价。乃召公，拜承政院同副承旨，充奏請使。將行，上謂公曰“今玆奏請，惟卿是望”，公起拜謝曰“竭臣之力，死生以之”。

及至京師，帝覽奏不省，例下禮部。公詣禮部，頓首泣曰：“陪臣之將命遠來，爲伸先君之冤也。今事未得請，何以歸見寡君”，辭氣悲惻，尙書于愼行聞而爲之感動。公又呈文，悉陳事情，尙書讀之，擊節再三，亟稱好文字。因取以上聞，帝大悟，立命改其誣，又命錄示《會典》所刊正者。將宣勅，進公於皇極門內，鴻臚官設彩紅氈，翰林學士爲將禮，皆異數也。

使還，上大喜教曰：“中興祖業、匡復舊物，古以爲盛，而此亦外物也。豈如今日快伸數百年至痛，使彝倫復叙、東韓再造乎？予今可以有辭乎祖宗矣。”乃告于宗廟社稷，大赦國中。特超公同知中樞府事、階嘉善，賜田宅奴婢，解御裘而賜之。遷刑曹參判兼五衛都摠府副摠管，歷禮曹參判、漢城府左尹。

丁亥，使臣兪泓自京師奉《會典》而歸，其記本國宗系，果悉正前誣無憾。上諭公曰"今日之功，予無以報卿"，於是公以戶曹參判遂特陞本曹判書、階資憲。

會歲大饑，公私俱困，公竭力籌度，俾民安業。上且倚重，而忽有臺臣及講官相繼有讒言，上皆嚴批斥之，復以"盡心施措"奬公。公力求免，章七上，終不允，後乃病遞。歷漢城府判尹、刑曹判書兼都摠管，已丑復拜戶曹判書。

其冬，使臣尹根壽朝京還，宗系之雪益有驗。於是公特陞判中樞府事、階崇政，公累辭謝，上諭曰："只恨卿功之大而予賞之小也。"

公自以受恩致崇位，雖處冗散，而上章言得失甚衆。嘗言"故相朴淳當賊臣鄭汝立張甚，面斥汝立於上前，身且不得容，遯荒而卒，誠可傷也。今賴社稷之靈，汝立旣伏誅，宜如唐玄宗祭張九齡故事，遣使賜祭，慰朴淳於九原"，不從。後又因仲夏隕霜，進言"逆獄蔓延，豈無抱寃者？宜剖釋京外株連疑似之獄，以謝天戒"，聞者韙之。拜禮曹判書兼知經筵事，上命先封元功三人，公遂封爲長溪君。

盜入宗廟，竊璽寶，火延，燒神御、器仗，公撰進君臣變服會哭之禮。庚寅，上以宗系旣正躬祀告成于太廟，禮甚盛而無於古者。公又傍采古今禮，草定其儀，皆盡其情文。及祭，公以禮儀使導上，進退中度，不失尺寸。上退，入幄次，語左右曰"今日宗伯贊禮，不亦彬彬可觀哉"，命以鞍馬賜之。

始世宗時創定太廟樂歌若干篇，其後無協律者，列聖室無樂章。故有司以太祖、太宗之樂分侑諸室。公建言：

“祖宗德美不同，成功各異，而廟樂因以國初所定，幷侑諸室，非所以載烈象聲也。請各一室撰一章，以協神道。”上下其議，不果行，以特簡兼弘文館提學。

其秋，會盟冊勳，賜輸忠貢誠翼謨修紀光國之號，超二階，進封府院君，賜廐馬、金幣、田僮，再賜宴于闕庭及太平館。加恩長子，陞通政階，一世榮之。兼領經筵事，以非三公不可，尋改之，兼判義禁府事。

辛卯春，薦授兵曹判書，頃之，兼弘文館大提學、藝文館大提學、知春秋館成均館事。公上疏辭，上不許曰：“予雖不學，知卿邃學高才久矣。”公再辭曰：“臣老矣，若當詔使之來，必以衰朽取笑。”又答曰“使華人見之，尤足以知其年高德卲也”，終不許。

是時，朝廷使黃允吉等通信于倭人，倭酋平秀吉復書曰“大明不許我入貢，此大羞也。明年二月直向大明，朝鮮亦助我飛入大明宮乎”，語絶悖。上覽畢，歷問廷臣曰“此事當奏皇朝否”，左議政柳成龍以下諸臣皆言不當奏，獨公以爲當奏，而顧在廷無與爲助者。遂請召大司憲尹斗壽議之，上許焉，公遂與尹公力陳不可不奏之義。

其後，上復臨筵，問諸臣，副提學金晬希時相意爲言：“平秀吉不過狂悖一夫。其言出於虛喝，不可以無實之言遽聞於天朝。”公曰：“不然。國家至誠事天朝，二百年矣。今聞此不忍聞之言，安可恬然而不爲之奏乎？”晬曰：“使其言有迹，則誠宜亟奏也。今不知其虛實，而遽以上聞，徒貽天子宵旰之憂，而且或生事於封疆，恐必有後悔也。”公曰“此又不然。若國家多福，使秀吉徒爲大言而止，則我國及天朝固不害因此爲備也。萬一不幸，果若其書之指，而爲臣子者知而不言，使天子邈然而不知，終致猾夏之辱，則此時可得悔乎"，反復固爭。至夜深，上曰"卿言如此，不可不奏也"，睟由是語塞。

時皇朝入琉球人言，固疑我國與倭有謀，非當日自我先奏，則事有不可言者。其終始力贊，以屈群議，使本國屛翰之忠得以昭白，而卒被天子拯救之恩者，公力居多焉。

上遣陪臣韓應寅陳奏京師。公嘗撰奏文，屢言"今不直陳通信之實，無以明吾君事上不欺之誠"，大臣終不聽。及亂作，乞師皇朝，而皇朝已得其實，慮我有他情，至遣指揮黃應暘來覘，朝廷出示倭酋嫚書然後其疑始釋。

時倭寇且朝夕至，而中外晏嬉。公旣勸上飭兵戒備，又薦李舜臣可任閫寄，從下位不次拔用李公，後卒成匡復之功。

時士林已分朋，李文成公力爲調和，而黨論益激，反攻文成公，朝著潰裂，而文成公且卒矣。鄭文淸公澈立朝孤直，尤見惡於時人，獨公父子與尹文靖公斗壽兄弟終始出力以相扶翼，時人固側目矣。至是，文淸公中讒，安置江界，列其罪，榜朝堂，而尹文靖以下名士十九人同時斥逐。

七月，臺諫洪汝淳等論公，以附權姦爲腹心，助張聲勢，請罷職，答曰"兵判元勳，豈可論哉"，不許。後三日，兩司復劾公，答曰："兵判在本曹，施措盡職，元勳秩高之人有何不足，而交結姦人至此乎？"後又敎曰："予欲保全功臣而存體貌，此實爲朝廷也。"然公竟亦遭罷去，退居田舍。

陳奏使之至京師也，天子覽其奏，嘉之。卽御皇極殿，引使者立陛前，面諭勤懇，特賜銀絹，降勅而奬之。及還，上大喜，以公實撰奏文，亟命復爵，頒以賜絹。

壬辰四月，賊果長驅直上，警報日急。公自野馳詣闕，陳便宜，且言“今令都民不得散出，平時無固結之本，而臨亂，欲以法繩之，難矣。願宣示德意，保合人衆，固守京城”，上不省。

忠州敗報聞，上決計西幸。柳成龍等請分遣王子號召勤王，遣臨海君咸鏡道，順和君江原道，令公父子從順和行。蓋議者雖借天寶幸蜀時分諸王節度諸道事，以爲此計，然王子實無一卒之衛，其立見陷敗可決，而必使公從之者，固非善意也。

夜有人傳呼：“黃某父子，可急入聽上命。”公與其子承旨赫驚惶待命，而乘輿已出矣。追及於東坡舘上謁，上命公曰“卿保王子入關東，因可號召四方”，卽拜號召使。當此時車駕播越社稷存亡未可知，公以重臣當從駕，而業已有命護王子，義不敢辭。

遂行，至鐵原，歃血誓士，歷數成龍之罪曰“此賊假道射天，逆狀已著，而乃獨倡議通好，及我使悉得其情而歸，而又保其必無虞，翫寇怠備，使國家一敗塗地者，果誰罪也”，立草檄，傳四方。其文有曰：“廟堂力主和金，秦檜之肉足食；姦臣首倡幸蜀，國忠之頭可懸。”檄出，見者縮頸，以爲禍始此矣。

時賊已東掠，乃從王子入咸鏡道。七月至會寧，我民鞫敬仁等叛，遂縛王子及諸臣，降于賊。公既被執，將自殺，謂其子曰"吾父子鬚髯美好，不可幷此受傷"，卽拔佩刀，斷其鬚，爲邏卒所覺，防守益密。遷次南北，且周歲，公以受命護王子，而王子尙在，故未敢死。

賊求割地，公以爲："諸侯土地，受之於天子，不可私割。我國自箕子受封之後，歷代皆視爲內服，至于大明，委國王御寶以治事，八道郡縣皆隸天朝。其實中國之地，使我國治之，今天兵之來禦，直以此也。"賊又問曰："朝鮮土地，天子欲割與，則此可爲乎？"公曰："汝國雖無故加兵，天子豈有割高皇帝所錫之地以與汝乎？"賊不敢復言割地事，乃歸，王子以求成。

明年七月，公始自釜山奉王子還于海州行在。公之在賊中，賊將淸正幽公于別所，每有要約，必使公之子爲書狀。公子常爲眞假二狀，先以假狀示賊，而密傳其眞者，冀以達賊情。

會倡義使金公千鎰使人來，淸正要公子爲狀於行朝以乞和，其狀有曰："淸正言：'大明許和而貴國獨不許，關白殿下將渡海而來。'"又別具狀，細陳賊情，而授狀者倉卒誤以二狀並授其人。

時柳成龍爲體察使，遂執其假狀，以淸正之所稱其主者爲公子之言，又以公子之所書者移於公，比還卽下獄，事將不測。賴上明聖察其寃，然時輩持之甚急，竟坐流吉州。

乙未，又誣以他事，再下獄。上敎曰："使白首元勳久繫請室，得無不可乎？"鄭貞簡公琢亦明公無罪，還之配所，丁酉特解，放還田里。

上曰“黃某乃太祖之功臣，非予之功臣”，屢命收復，輒爲言者所阻，而前後賜御製詩及食物存問者四，及以病聞，卽遣太醫齎賜藥物，公輒上箋陳謝。

丁未夏輿疾，就醫于京口露梁，其八月十四日卒于寓舍，年七十六。初葬坡州洛河上，壬子改葬于交河金繩里面兌之原。仁祖大王二年，始雪公寃，復官封，孝宗時贈議政府領議政，用元勳恩例也。

夫人淳昌趙氏，陽城縣監詮之女，生男五人、女二人。長男承旨，光海壬子爲申慄所搆拷死，仁祖卽位，首雪其寃，贈左贊成；次𤲞，正字，壬子亦竄死；女嫁郡守李郁；餘夭。側室女嫁判官朴由新。

承旨一男坤厚。女四人：嫁佐郎尹天衢；領議政洪瑞鳳；王子順和君珐；郡守辛喜業。庶子坤健死於壬子。

正字一男，坤載。女二人：嫁府使李性恒；郡守金益烈。

李郁三男：厚載，僉知；厚培，府使；厚源，右議政。

內外曾、玄若干人。

公爲人嚴整，望之若不可犯，而及接其言辭，則無不愛慕者，思慮凝邃，其方物出謀，他人莫能度也。居家篤於孝友，素無嗜好，獨以書史自娛，不喜交遊爲聲勢。晚以忠勞結主知，遂登崇顯，非藉人遊揚之助也。然性不修邊幅，與人言直截無諱，故世亦多忌嫉之矣。

公之文章蓋根柢六經，而雄俊有骨氣。詩尤沈健，法老杜而警拔獨詣，亦不蹈襲前人也。世以公與鄭公士龍、盧公守愼並稱大家，李文成公獨謂："其發於經術而所自得者深，當方駕於金公宗直，而餘人不及云。"所述作散佚於禍難，有《芝川集》四卷行于世，芝川者，公之號也。

嗚呼！明、宣之際盛矣，公以文學揚于王庭。論經述禮，黼黻詞命，粲然可觀，而辨邦誣、正宗系，使商契、周棄昭載於簡冊，旣已偉矣。

守正不阿，秉忠義而嫉姦枉，卒以是橫罹文罔，齎恨而沒，不能究其用，君子悲之。

若夫辛卯一議，守節慷慨，其尊尙京師之義炳然如日星，先王事大之誠，遂大伸於天下，而實受天子之寵獎，卒以成中興之業，雖謂之有辭於百世，可也。

謹采其家錄，參以學士大夫之所誦，述其大致，以告于太常。謹狀。

遺事 行錄附

先考遺事【丁酉】

府君身短豐下，美髭髯，目炯炯有彩。

燕居靜坐，容體、衣冠自然齊整。

晚年常有疾病，不能收攝，終日偃仰，而神氣不蹔隤惰。

平居簡默，望之穆然，而及其接人，言笑怡然甚和易。○天性慈詳，其待人接物，委曲周悉，無一毫未盡，且爲竭其誠意，未嘗少有備數塞責之意。

凡應接事物，擧皆的當切實，無絲毫矯激過高、苟且徇人之事。

精力絶人，晚雖自以多病善忘爲患，而平居酬應，少所遺失，雖當忽劇之際，細瑣之事，亦皆著意，未嘗泛過，亦未嘗窘錯。

居喪朝夕哭泣，未嘗不涕流滿面。

遇大忌，終日具冠袍，端坐啜粥，不輒言笑。

省掃先墓，號哭盡哀。嘗曰："吾聞張橫渠常哭親墓，蓋父母丘壟，情理當哭云。"

嘗曰："吾常吊人喪，見其哀戚極至者，中心感服，若有得也；其無戚容者，心實醜之，悔其來也。孟子所謂'吊者大悅'者，形容眞切，非聖人不能云。"

一心憂愛，出於至誠，屬聖候違豫，每小報至，雖子夜，必明燭，起坐視之，其有加減，憂喜輒形。連歲造候班，旣示憊矣，而不至於顚仆，則猶不少怠。

凡有朝請，雖有病，少可以自力，則輒進參焉。

往來先塋，未嘗輒請恩暇曰："吾無功德而厚蒙國恩，雖不能奔走報效，何敢以私事屢煩上聽，而貽弊於縣道乎？"

當官處事，必謹遵法度不撓，而使公私俱便，下情悅服。其蘇殘祛弊之政，可見於提擧厚署時也。

見人居官有營私屈法、欺上剝民者，不啻若浼己，唾罵不已。

接郎僚，必具冠袍，未嘗以燕服見，坐而迎之，未嘗拜起。

人有小善，雖賤者，必嘖嘖稱道不已。聞人過失，必爲之盡心戒告，雖疎遠者，亦爲之咄惜。其有大過惡，不啻若浼己，斥責不少假借。

一見後輩，識其賢否、窮達，多所驗。

聞人有窮阨、患難，雖情義不相通者，必爲思其周救之道。

聞人有一藝，雖文墨小事，必爲之資助奬勉，欲其成就。

凡遇親知喪，雖賤者，亦必爲之不肉。

深以暴殄天物爲戒，常擧宋仁宗不索羊肉等事，以致戒焉。

饋遺之無名者，雖細不受，却之不聽，則必以他物償當焉。

御奴僕，恩而威。軫其飢寒，均其勞逸，有罪則輒加箠楚，而未嘗或濫，刑杖雖罕，而皆懷畏戢。

與親舊死生不變。隨其親疎，問疾、吊喪、送葬、致酹，非疾病、事故，則未嘗忽廢。窮者則濟其醫藥、辦其喪具，惟力所及。

敎子弟，雖穉少，必視以禮法。不肖丁內憂時，九歲耳，禁毋讀詩作文焉。

文藝夙成，十二已通四子·《詩》·《書》，後不復讀書，而一時文人皆賞府君所作，謂之絶才，多勸其用力，府君輒謝不能。

嘗揭先儒格言於壁上，看書有要切之言，必書以識之，遇可觀之行，則必以語人。

看書，數行俱下，一覽多所記憶。手不釋卷，張燭至夜深。

與人言，嘗告以國朝典故、前輩言行亹亹不已，未嘗一及鄙褻之言。

平居無事，惟以筆翰自娛，非疾病、事故，終日不休，或夜分忘倦。而顧不欲示人，必紙盡墨乃已，人有求者，未嘗許焉。故平日筆蹟無莊弆者。

平生不喜雜術，醫藥之外，未嘗一言及術數。

見人有服飾稍美者，心不悅之，戒子弟毋得爲此。

仲父年高，府君爲備壽衣。及疾革，更自點檢，其有未盡者，躬視辦具。

仲父來留視疾，府君屢以爲請曰："日寒如此，願勿臨視，歸第便攝焉。"

先代碑碣有治石而未及竪者，且有當改竪者。及疾革，一一擧以語家嚴，俾速就功焉。

病中教不肖曰："吾志欲一死國事，以爲報效。今幸死於太平之世，而見今世道，國勢多可憂者。爾其善保名節，無辱祖先云。"

疾革時，庶從姪適差享官，當赴大祭，爲侍疾欲求遞。府君以爲不可，屢飭令赴齋。

大祭後，常賜羊肝，人有以眼疾預求者，府君謂侍人曰"羊肝若下，須送于某家云"，是屬纊之日也。

病革，謂人曰："吾天地間一罪人也，當死久矣，今死，尙何恨哉?"

又曰:“吾死，無所恨。只以老兄之臨年、宗姪之穉弱爲耿耿耳。”

病中自知不復起，手草遺訓，未及就。屬纊前二日，命家嚴執筆，口授十五條。

嗚呼！先君平日事行，其大者，旣已備載於家大人所撰行狀，而若夫一言一事之微，在後人所睹記者。皆不可忘失，而顧不肖穉騃蒙昧，旣無以省識，卽其一二所知，亦恐久而遺忘。玆敢私錄數十條，聊以寓羹墻之慕。

斯皆據耳目聞見，不敢有所臆料妄說，以自陷於古人誣親之戒。但識蔑辭拙，掛一漏萬，實不能摸寫闡發，惟是之懼。

嗚呼！此在先君，特動靜之微耳。皆足以爲後人觀法，而僾然如見、肅然如聞者，亦未必不在乎是也。謹識而藏之。

亡室孺人安東權氏行錄【戊戌】

君年十六，始入吾門拜見之日，先府君大悅曰:“此婦德器淳重老成，眞是遂翁之孫也。”

先君性簡穆，於一家婦女少所許可，而獨嘖嘖稱君曰：“德容俱備，眞吾賢婦必有以祿吾家者。”

君事先君，極盡誠孝。朝晝於傍侍，非有事故，未嘗暫離，言動、使令靡不合旨，先君甚安之。嘗詔余曰：“汝婦之能稱我意，汝顧不及也。”

君事先君，一毫未嘗有隱。一日歸寧還，先君問來何晩，君對曰：“晏起，未及盥櫛也。”先君聞而曰“此其白直無隱，非今世婦女修飾者比也”，稱歎不已，蓋嫁纔月餘矣。

君在先君側，容色和易，言笑怡然。余嘗規其少嚴敬，君答曰“事親之道，恐不當專主於嚴敬也”，余爲之嘆服。

君嘗因事獲過于先君。余適入見君，君有憂色，從容謂余曰：“子之待我，自謂惟父母是視。今余受譴于親，親意未解，而子於我警責不加，往來如他日，其可乎？”余聞此言，不覺有愧色。

先君恒有疾，君晝夜憂焦，不暫釋於言貌。必先君食乃食，必先君寢乃寢，或至添重，則每子夜不睡以承起居。

君事先君，孝愛固極至，而先君之愛之特甚焉。每君侍坐，輒欣然有喜容，對親黨，雖微細事，輒擧以誇之。嘗曰:“暮年病裏，幸得此婦，吾心欣悅，殆愈吾疾矣。”及病革曰:“吾有此佳婦，吾歿無憂矣。”

君事吾本生父母如事先君。君沒，家人言君於母氏慈孝幷至。家內固無二言，或纖毫有之，君輒正色，嚴辭折之，後卽無敢發口者。故母氏嘗曰:“此婦事余，實無異於所生，吾實感其至行云。”

君嘗以女子有行恒遠父母爲恨，殆不能晷刻自釋。且嘗曰:“平生少所關情，獨一姊齒相比，不忍暫相忘云。”

君與余處，容止斤斤、言辭油油，而終未嘗有失也。嘗曰:“吾事君子，何敢望古昔賢婦？惟知以順爲正而已。”然端莊自守，未嘗苟循，隨事勸戒，從容明暢，使人渙然易悟。

君性甚仁厚，嘗自謂平生未嘗有一怒字，余曰:“怒居七情之一，何可無也?”然余與君處，實未嘗一見有愠怒之色、疾遽之辭，此其天性然也。若夫忌忮、忿懟之意，尤不設于言容，雖激之，亦不萌也。

君平生未嘗自述其志願，雖問之，輒遜謝不答。余嘗問治家之道當何先，君答曰:“吾婦人，固無知。但正上下、嚴內外，如斯則其庶矣。”

余嘗言君內外門戶之懿，則君輒不樂聞。余問其故，答曰："吾甚穉騃，不克承門戶之訓，實有愧焉。顧何榮哉?"凡夸眩慢傲之習，一未嘗萌于中焉。

君口不言芬華榮達，視其志亦澹如也。凡於事物絶無歆羨、固必之意，嘗曰："得失有數，但當任之而已。"

君與余言，皆有條理可聽，寧及閒說話，絶未嘗論人過失及較計短長。

君雅不事邊幅，而擧止中度，容儀閒整，先君嘗稱之曰："吾婦一動靜無不合宜。"其與余居，亦未或見其懈惰失儀也。

君丁先君憂，哀戚極至，飭身一以禮防。喪初得疾旋差，而傷損實深，練後病作，遂不起。吾親黨皆傷之曰："惟是婦爲能善居舅喪，惜哉！其終以毁死也。"

君病旣革，每家君臨診，君必坐起，收攝如常日。臨沒七八日，余入視則已無可爲矣。然於昏睡噞囈間，輒問家君所在而慮其貽憂焉。時君父母居憂湖中。君謂余曰："吾日望母氏之來，而今病如此，雖來視，秖益焦傷，不若不來視矣。"臨沒，慟哭呼母氏，聲已而絶。

君旣自知病不可爲，而向余言惟思念父母外，終無一語及他事。家人護疾者言君病輾轉累月，痛勢苦劇，傍人殆不忍覩，而絶無悲楚之色、愁苦之語，只以未及見父母爲恨。其性度曠達，實不類婦人云。

君病旣革，精神猶不爽。臨沒之夜，每余候問，君輒曰："夜已深矣，胡不就睡?" 余入視，則君勸勿入視，蓋欲遠嫌正終也。顧謂侍婢曰："善事新主母，以我不在而或慢也。"

君旣沒，外姑宋氏泣謂余曰："吾有五女，獨此女爲最賢，父母之愛之亦最甚，今乃失之，惜哉！吾女性甚孝順，自幼時，不忍暫離親側，處兄弟間，亦不曾較爭，則於親意蓋不少忤也。及嫁，推此而事舅姑，一日歸家，輒不耐思慕，一言動不敢忘舅姑，口不及舅家毫末事，其至性如此云。"

又言君自幼喜愠不輒形，持身甚謹，七八歲便能深居不出云。

又曰："吾女識度曠遠，吾每遇事憂惱，吾女則徐一言以解之，使吾心胸開豁。性雖和柔而實莊重，其在家則吾家婢僕無不肅然畏憚，今雖欲復見，此得乎？此吾所甚慟云。"

君沒旣數年，余之悼惜未已。姑姨諸尊見余，輒亦傷嘆，且曰："斯人雖年命夭阨，而令聞夙彰，死益爲人嗟惜，庶足以紓悲矣。” 嘻！斯其所以愈可悲者歟。

右，亡室安東權氏行錄二十五條，余所手錄。

嗚呼！君其可謂賢矣。顧生爲女子，復不幸早死，其令德、至行終晻昧於閨房之間，嗚呼！其忍此耶？余於君之賢，固中心服之，而獨以相與居未久，而時年穉無識慮，凡君資識、志趣，猶有不能悉焉，是余恨也。

於今記錄之際，懼或蔽於私昵，語有豐溢。故不敢輒以己見稱揚，惟先君在時所嘗稱許者，余旣識之不敢忘，而君沒後，往往聞親黨家人所共頌惜之言，就以驗之生平睹記，則似皆非過譽者。故今余所錄，惟謹書先君之訓、親戚之誦及余所耳目者，　而不敢一語浮溢。余於是得無愧色焉。

嗚呼！余之知固無以盡君，斯錄也又不能悉余知，而惟其純行、懿質與夫志識之高曠者，亦足於斯得之，而非空言稱述者比也。噫！其不祿不壽，豈特君之不幸也？

余旣爲斯錄，交親有求見者，輒出示之，皆曰“惜哉！眞賢婦人也”，其夙聞君行者則輒曰“此固實錄矣。其得無所遺歟”。嗚呼！君之美德之孚於人乃至如是耶！

月谷集

卷十三

祭文

祭文

祭亡室文【戊戌】

維歲次戊戌二月二十七日丙午，亡室安東權氏之柩，將以是日啓靷，永窆于廣州月谷午坐之原，從先考妣兆也。夫首陽吳瑗欲趁其未行，一言以訣，而堊苦哀疚之中，仍以新悲，悲甚，不能長語，而終不忍無語。乃掇其所悲之甚者，於其前一日乙巳，因祖奠之設而告之曰：

嗚呼哀哉！夫孰無死，死孰不悲，夫孰如子之死之悲也？但余所悲，非悲子之死也，只自悲吾之生耳。嗚呼！子之居斯世纔二十歲，而尙不滿其一焉，何其短哉？子之死，只有三歲穉兒，而亦非男子子焉，何其窮也？子之睽違父母，隔歲其久，而遠在數日程之外，疾不能相依，歿不得面訣，終飮恨而就木焉，吁！甚矣，其慘也！

嗚呼哀哉！夫婦之義，亦云重矣。蓋自一體牉合之初，固將偕老百年，永膺胡福，而子之爲吾婦，其久實不能四載，而今子之死，乃備人生之至憾，爲天下之至窮。其情事掩抑，足令行路含悲，況如余者當作何心？

嗚呼哀哉！惟余之悲，不暇及此，而又有甚於此者焉。嗟余不吊，夙罹凶釁，生七日而違慈顔，受育於王母，五歲而王母見背，九歲而又丁內憂，其生也可謂至零丁矣。

惟我先府君劬勞教育，實慈母而嚴師焉。凡人之於父母，昊天罔極之德，夫豈有輕重可言，而惟先君之於余，則其拊鞠顧復之艱辛，實百倍於他人之有子者矣。惟余小子，賴而得保其生，以至於長成，乃承先君命，迎子以歸焉。

吾先君自經禍故，恒無世味，且嬰疾痾，而顧余頑迷穉騃，曾不能一毫自盡其誠敬，以順適其意。雖先君止慈之情，撫愛之過度，而若余不孝之罪則已不可勝筭矣。自子之始入吾門，吾父母大悅之，而先君之喜特甚焉。子能善事吾父母，愛敬極至，吾父母奇愛之。先君亟稱曰："是善事我，是眞吾賢婦。"雖尋常匙筯間事，亦必擧以誇人，對親黨輒稱其賢不已，其愛之殆逾於愛余者焉。食則必命之侍食，坐則必命之侍坐。暮年沈痾之中，慰悅極多，而子亦承先君志，非賓客、事故，不忍蹔離其傍。

凡余所不能爲者，子皆能之。余每在先君側，常覵子怡聲下氣，先意順旨，和容婉色，愉愉如也。時又仰瞻先君顏色，則怡然甚適意，充然若有得也，余私心竊亦欣然，不自勝其樂也。間或値子歸寧于家，而見先君之傍，子不在焉，則余輒悵然如有失也。余或績文于山房，未免暫離膝下，而每念庭闈，心充焉有所恃焉者，亦以子在故也。

雖余於先君爲一子，而自子之歸，蓋不異於有兄弟者焉，怡怡融融，不自知日月之逝者且二載矣。嗚呼！余雖無狀，不能自致子職，而得子之盡孝於吾親乃如此。此固人理當然，而在余心欣悅，夫何間於躬親能之者，而其感子以肝肺者，豈徒尋常？況先君之於子，眷愛之復至此，則吾所以重子者，又當如何哉？

退而處私室，常以此相語曰："吾輩若能長奉三尊人，偕老於膝下，則生人之樂，無過此者。"而子亦自以承荷眷恩，得親心安悅，嘗歸福于己，而每恨不得逮事吾先妣與慈氏也。

向在丙申之夏，值先妣忌祀，先君病不與祭，命余攝行，而子實助焉。禮訖，先君顧謂家嚴曰："吾既有子有婦，可以奉吾祀，吾無憂矣。"及至臨終之際，其所以眷係期待于子者，尤惓惓焉。惟吾不孝無狀，誠意不足以感天，終不能瘳吾先君積年疢疾，而子之至誠憂焦，未嘗暫釋乎色辭。

獨以余行負神明，罪通天地，卒使凶禍上延于先君，而劬勞罔極之恩，竟莫能絲毫報焉，其不孝無狀之罪，至此而尤萬萬難贖矣。惟其頑凶戾虐之甚，不能卽自殄滅，猶且目視喙息，飢食渴飲，重以貪生畏死，不能自盡於禮制。

天日之下，靦顏苟活者，倏已再易歲矣。日月逾深，音容逾邈，而尙復泯然恬然，若不知至痛之在己也。此其頑凶戾虐，豈有比於人哉？

惟其秉彝之天，不容終泯，時於中夜，反省己罪，一則不孝，二則忘恩，心骨摧剝，若受鋒刃。竊自思念余不孝無狀，承顏養志之孝，已不逮矣。惟是祭致其嚴，尙有事死如生之道焉。追當日不逮之孝，以贖其罪之萬一者，惟在自盡於此而已，而以子亹亹孝思，必將移平生所事先君者，致愛慤於享祀之禮，潔濯蘋蘩，供辦羞醴，必能誠恪明肅，而如先君平日之言矣。先君之靈，儻或享子之孝心，而忘余之罪逆焉，則余窮天之痛，或可以少洩；罔極之恩，或可以少報矣，區區之願，惟此而已。誰謂今日子奄然先我死，而使先君所以眷係期待與余之所願者，一皆歸於虛地耶？

悲夫悲夫！痛矣痛矣！惟子之病，實原於喪禍隕剝之初，而仍以結戀親庭，益損神志，前冬練事，力疾行祀，而病隨以大作，轉成奇症，卒不能復起焉。

嗚呼哀哉！惟先君棄背之日，則吾與子雖生而猶死也。苟非如吾凶頑之甚者，必不能得支綴。況以子平生孝愛，其何耐終天痛毒，而久留人世間乎？則吾子今日之死，固無足恨也。獨怪夫天有福善禍淫之理，而今胡一切反是？顧不死其凶頑者，而乃反死至孝純行如子者焉，天乎天乎！此曷故哉？

嗚呼噫嘻！余知之矣。惟余積惡稔凶，獲戾上天，而幸得保活于愍凶之餘，粗有生人之樂焉，則天且嫉之，使抱終天之至痛，而然猶頑不知自死，其不孝之罪，死且有餘矣。天雖罰而殛之，只殛其身，固不足以懲其罪。故必先移禍于先君之所鍾愛者，以彰其不孝之罪，而使飽嘗多般痛苦，然後方可以懲焉耳，微我之故，子胡至斯？

嗚呼哀哉！先君見背之後，余雖頑然不死，而每追想吾與子竝侍左右，俱荷眷愛之日，則初惝怳然如夢，而繼之以煩寃抑塞也。

嗚呼痛矣！此生此世，雖欲復暫見此日，不可得矣，則吾與子孺慕之痛，固將與穹壤無窮期，而今子又棄我而逝，使余益無賴焉，吾何以忍此悲耶？

嗚呼！余今不可得復覯先君矣，則凡先君之所嘗愛者，雖犬馬之賤，其愛護之心，當自倍於前日，而況於人乎？又況於夫婦之重乎？則余之所以感子重子者，何敢以先君之不在而或少替也？即亦有加焉者，而今余視子之死，而終不能救之使生，吾何以忍此悲耶？

嗚呼！余自凶禍以來，雖丁家內小欣戚，亦未嘗不怛焉追慕，畵然痛心。矧子之死，在於今日，而縗厤之制，尙未及去身焉，則吾何以忍此悲耶？況余當死而久不死，積殃所召，乃使子橫罹夭椓之阨焉。是則子由我而死也，吾又何以忍此悲耶？

最是余不孝無狀，先君下室之饋未終，而內外之官不備，罍尊之酌，其誰執之；粢盛之供，其誰莅之？惟吾子然獨奉祀奠。此豈但余痛恨無窮？苟吾先君之靈有知焉，則寧不悵然於降歆之際乎？斯莫非余之不孝之致也。

痛矣痛矣！悲夫悲夫！嗚呼！樂生悲死，人情則然，而以吾之生，較子之死，生亦奚樂，死不必悲。

嗚呼痛矣！自先君之棄吾輩，昔之所謂"怡怡融融"者，一切反爲至痛極寃，則雖令吾輩享期頤之遐筭，惟此未死之年，卽是含恤之日也，徒覺在世之支離耳，顧有何樂哉？雖令吾輩有子姓滿眼前，旣未及使先君一見弄璋之慶焉，則適足以增感耳，顧有何樂哉？且人子之於父母，孝而已矣，與其不孝而久不死，不若全而歸之之爲孝也。則子之無年、無男，有父母而死者，皆不足爲子悲，而所可悲者，獨吾之生耳。

況今子從殉於三年之內，而歸葬于先人之足，陪吾王母、先考妣暨兩慈氏，服勤左右，怡愉融洽，必將與人世無間焉，則其視此不孝無狀，苟存視息，窮天之痛，無日可洩；罔極之恩，無地可報，煢煢餘生，不如死之久者，何可同日語也？言念及此，腸肚欲絶。

悲夫悲夫！痛矣痛矣！吾今雖欲以吾之生，羡子之死，其尚可得乎？則余之所悲，只自悲吾生之不幸耳，又何暇悲子也？

嗚呼哀哉！念子平日，不知余之頑戾，愍余危喘，憂余傷生，至死不倦。想玆冥冥之中，亦必不暇自悲其死，而爲余悲也。嗚呼！子無過憂。我實頑戾。況余有父母在堂，而吾大人大喪摧割之餘，繼又哭子，由中之慽，殆不自堪焉。吾何忍過爲無益之悲，重傷吾父母意耶？

嗚呼哀哉！惟余終天之至痛，結轖于腸肚，期與子共攄其萬一，而子今死而不復起焉，則其將誰與抒吾痛耶？矧玆千古幽明之訣，固宜畢露肝膈之懷，而所可言也，言之長也，神思隕抑，不能盡布。惟俟瞑目之辰，得與吾子復侍先人於九地之下，則終天之至痛，庶有可忘之日，而但念余不孝無狀，雖死之後，將何顔復覿先君耶？

痛矣痛矣！嗚呼哀哉！遠日告及，吉辰不居，玆啓祖道，式嚴靈車。同穴之會，矢在他日，單盃薄具，與子長訣，非曰靈之，必有知也，亦聊以寫吾悲焉耳。

嗚呼哀哉！尙饗。

祭亡室墓文【庚子】

維庚子二月戊戌朔寒食前一日甲子，夫首陽吳瑗來哭于亡室安東權氏之墓。且將就墓前置石床竪石柱，用酒肴告之曰：

嗚呼！
子之宅斯，歲適再環。草生枯荄，零露其溥。
亦知人事，有逝無回。方春發生，輒疑其來。
時胡不淹，迹胡易陳？居子之居，亦有他人。
時經舊戶，若將披帷。婉婉穉女，在庭以嬉。
由新撫故，怳焉傷神。終奈人情？去疏來親。
我淚之乾，我腸之剛。相忘之悲，甚於不忘。
昧昧容聲，夢亦不頻。幽明掩抑，終古窮泉。
將治石功，以飾墓道。肆因告語，略洩餘抱。

祭亡弟文【辛丑】

亡弟公琰之柩，將以辛丑四月四日，靷歸陽城先山，前三日辛卯朔朝，其兄爲設饌酹酒，抆淚寫哀，忍與之訣別曰：

　　嗚呼痛哉！吾生二十餘年，喪禍憂戚，獨飽嘗矣。雖冥頑甚，居世自如，而常念釁殃至深，不敢以生世自娛樂。惟幸獲侍兩尊人，且多兄弟，團欒於膝下，吾所恃以爲生人之樂者，只此而已。今汝死而卽吾兄弟團欒之歡，亦不得復完矣。夫何天之窮毒我，至斯極耶？

嗚呼！死喪之際，孔懷之痛，固人所難堪，而其情之可哀可憐，實無如吾於汝。閔余不吊，生七日而失慈哺，汝又六歲，母氏捐背。吾時九歲，雖穉騃，尙知憫憐汝，汝亦靠仰我。時於早夜孤寂之中，呵教捶撻之餘，相對不覺涕泫者屢矣。誠以情事惻怛，爾同於我，而惟幸次第成長，旣冠旣娶。竊自喜失恃餘命，俱得有今日，而聯翩追隨，如魚比目，則吾常後顧欣滿。自謂吾獨有此樂，而他人無之也。無何而汝遽有疾，吾每出入，汝不在後，則未嘗不悵然日望汝之病瘳矣。孰謂汝遂以是疾死，而使余獨倀倀靡憑耶？

吾與汝俱年穉無世故，自幼至今，曾不旬月離也。己亥冬，隨家大人往金城，旣而余先歸，蓋累月別也。臨別悽悵不自堪，吾作詩贈汝。汝送至披襟亭，倚楹望余行。余亦頻頻回顧，至路阻不相見而後已。汝作詩追寄，以道離情。自是汝多在金衙，吾多留京中，相離之時多矣。每親儕會話，見汝不在，終日缺然如有所失。

金又峽中，風氣異京洛，每當大寒暑、大風雨，則未嘗不忉忉焉念汝調攝之或失也。昨冬之來，汝雖有疾，將與余共處，調將肄習。以迄今夏，文房細瑣，輒相與商量，豈意一病沈痼，汝終棄我耶？

汝事余至謹至誠，篤信余言，一遵指敎。吾或聞汝有過，而未及面責，則胸中噎結，不能忍見。輒嚴辭峻責，不少饒假，而汝皆從容承受，無一毫忤色事。年相若之兄，若是其敬謹者，實世所未有也。

汝幼好荒嬉，文又不夙成，父兄嘗憂之。顧其子諒、仁順之心，溢於言貌，此足以禔身守家，則吾無羡於世所稱"才能、强辯"者。而近復頓改前習，頗自拘檢，文亦稍進，作句多精峭。吾謂："汝修行進學，此正其機，方將益加磋切，以見其日進。"及汝始病，吾猶憂汝學業之未修，懼年歲之漸晩，而豈謂汝遽至於斯耶？

嗚呼痛矣！一時微痾，猶且問寒問燠，憧憧勞念者，豈非慮其或傷也？一言一事之差，亦必重言複言，諄諄不已者，豈非欲其猶人耶？而至今日則吾所爲勤心費慮，扶挈教導者，一皆歸於徒勞矣。

嗚呼！始吾之期汝者，其果如是而已耶？汝素無疾病，人皆稱汝最剛，而戊、己兩年，荐經危疾，自後神采、氣力，不如昔日。猶以無他疾故，家人皆不深憂，而不知之中，餘毒之潛熾，眞元之暗鑠，已積年所。及其病發，醫治之又不善，馴致莫可爲之境，則吾雖叩心搥胸，尙何及哉？

死生雖曰在天，人事未盡，乃至於斯，生人之痛恨，當復如何？汝病時，與余同處，凡調將之節、一動一息，必問於余。余見汝病之就衵，而念汝動心，輒以好言開慰。汝雖自慮其病，猶不詳病理，故每信聽余言，謂可以得差，而顧余無狀，深誠、至情，曾無以感通神明，卒不能挽汝之死命。夫以汝平生恃余仰余者，雖阽死之中，其心必謂賴余得生，而吾乃欺汝負汝，一至於此。嗚呼痛矣！嗚呼痛矣！

兄弟之間，同氣連枝，榮悴呼吸，實相貫通，況吾與汝，平日相視爲何如？而汝病吾不能分，汝死吾不能救。猶言猶笑，猶自若恒人今且廿有三日，而汝之靷期，隔三宵矣。送汝入土，如視常事，人之生也，固若是忍乎？

嗚呼！生者之悲，自當日遠而忘，所可哀憐者，獨汝之死耳。汝髫而失恃，十一又丁伯母憂，零丁艱苦，自幼時極矣。十九年光，如泡于海，而慈母一塊之屬，從此絶矣；高堂百年之歡，無復承矣。沈淹四朔，不省家室之娛，則嗣續之事，尤無可論矣。世之夭死者何限，而如汝之窮，實無與比。

可憐哉！可憐哉！天若如此，初何爲生汝之生也？況汝婦未廟見也，而遽以髽麻蓬首，稱未亡人，人理慘毒，莫此之若，則凡玆情境之寃酷，所謂“行路酸鼻”者，猶歇後語矣，況父子、兄弟之間，其將以何自慰耶？

蒼天之不忍、鬼神之惡，一至於是乎？此姑無論。吾伯父早世，祖考捐館後，烝嘗無主，將四十年，伯母之喪，以汝立後，每當四時享祀，見汝就位拜跪，則諸父輒欣然有喜色。汝雖稺弱，猶識廟祀之重，能携持鎖鑰，敬謹齋素，吾每心識，竊喜主祀之有人。及汝娶得佳婦，則內外之官始備，而守護宗第，躬莅牲粢，亦將日有期焉。親戚、知舊，莫不爲吾家賀，而擧家欣悅，方以爲莫大之慶也。

曾未幾何，汝死而宗祀復無依托，前頭繼絶，亦茫然無期，家大人尤以爲至慟。夫何汝眇然一身，而貽戚於人若是多耶？嗚呼！人情之所極，莫尙於父母；生民之至樂，莫過於夫婦。以汝情志婉孌，其何忍一日貽此於父母、妻婦？而且汝固嘗念宗祀之至殷，而以負荷爲憂。痛慈顔之夙違，而以險釁自悼，而今使之墜棄廟祀，殄絶血息者，尤豈汝之所恕？汝於病中，勞心勤意，將攝甚謹，不憚苦口之藥，惟恐其或死者，豈不以此？父母、兄弟之焦遑煎迫，猶冀萬一之幸者，亦豈非爲此，而汝終不能免於死。

汝如有知，泉下之目，何能自瞑乎？忍乎哉天也！忍乎哉天也！方汝病亟，余百爾思量，無慮不及，而惟心自語曰："若有天理，主吾祖考、伯父之祀者，豈遽夭死乎？"雖不能便自解，私情所蔽，亦不無一念之默禱，而汝終不能起焉。

夫汝之慈仁，縱不能自祿其躬，豈以吾祖考、伯父之澤，而曾不足蓋覆其胤子耶？吾伯父至行懿質，弱冠夭椓，吾雖晚出，而每追念，不勝盡傷，豈意汝爲其嗣者，又至於斯耶？以汝慈心遜質，有何見忌於神明，而自吾祖宗積德之報，一何乖舛若是耶？

天何其漠漠，而鬼何其厲耶？吾尤有盡然痛傷者。昔吾先君在時，以汝宗子也，眷重汝特甚，課教督責，不憚勤劬。癸巳從伯母葬歸，誇諸親屬曰："次兒當下棺時，臨穴號哭，泣涕如雨，奇哉奇哉！"每見一事之善，不勝喜幸。逮疾革，顧語不肖曰："吾沒無恨，但以次兒之未成立爲恨耳。"余每誨汝，則輒泣告此言，而既見汝成冠娶婦，人事漸進，則未嘗不追念愴盡，而猶喜夫遺志之獲遂也。

嗚呼！余自先君見背，雖歲月浸多，頑忍自如，而每逢小憂戚，猶追思愴痛。及汝死而吾之悲腸，如宿火挑起，殆不能自定。汝顧不嘗憐余積慘，慮余致傷，余或有病，則汝輒憂形於色；余有悲憂，則汝亦爲之不怡者，而今何忍使余重罹此慘毒耶？嗚呼！汝已死矣，無可望矣。

吾雖欲寬心放懷，以忘無益之悲，而顧余年來不耐孤寂。有時獨居，心緒甚亂，故必須人在傍，與之談說。自汝死而族弟之自鄉來者又歸，吾侍親側，但瞻容色，常戚戚而已。顧視汝不在左右，則吾之顔實無開時，而行輒顧影，恍若汝之隨後也。退處書室，塊然獨坐，春日苦長，忽忽無聊。十九年提携追逐之事，歷歷眼中，而起居瞻矚，莫非汝之手澤遺蹤。況其疾病呻吟之際，扶將救護之迹，每一想來，心腸寸裂。然汝之端容雅姿，終不可復接，而玄棺一閟，厚隧永閉，則吾雖欲彷彿乎汝，益無所矣。

非不知快洩胸臆之哀，以恔吾情，猶逾乎鬱悒內畫者，而家大人自喪汝，外雖若寬譬理遣，竊仰顔色，大異前日，殆由中之戚，不自禁焉。母氏自金衙聞汝病重，兼程上洛，竟不及面訣，尤以此爲大憾。吾誠不忍以徑情之悲，重傷父母意，故朝晡哭奠，不參者多矣。吾將惡乎用吾情乎？其將結轖掩抑以終年而已乎？

今汝之葬，卜於伯父母兆次，地下靈魄，可以相安矣。方春發生，草木羣物，莫不蕃滋萌息，而汝獨奚罪，戢此一片玄木，永就長夜耶？

嗚呼寃矣！嗚呼寃矣！脩短參差，畢竟同歸，則悲不多時而不悲無窮。惟是十有九年之間，襁褓而撫摩之，髫齔而提誨之，長成而齊肩聯裾，如形影也。今也一則談笑飮食寄世上，而一則埋作地中之灰。人情雖曰頑戾，惟吾一息未泯之前，思汝憐汝之心，卽何時可忘耶？

哀哉寃哉！吾今日擧此觴而酹汝此行，豈一毫夢寐所及？幽明永訣，言止於此矣。神思迫阨，不能抒其什一，惟其深心苦情，惟在諒而歆之。嗚呼痛哉！

祭仲父文【壬寅】

維歲次壬寅三月初二日，實爲仲父通政大夫、敦寧府都正府君第二忌日，從子瑗以前一日丙戌，因設朔奠，謹以文告哀曰：

嗚呼痛哉！公之棄小子，今其幾何，而二十五月之期，倏焉已迫。雖音容森然，杖屨若接，而帷筵之設，將不數日，則終天之訣，其在斯今矣，卽小子深哀至慟，何從而自抑乎？

嗚呼！公雖早嬰家禍，無斯世之味，而自他人觀之，年踰七十，爵躋大夫，晚而有子，亦旣長成，醇德全歸，超然無累，則惟子姓之心，追慕無窮，而乘化長逝，在公亦無憾矣。

乃小子之深哀至慟，歷歲月而不能已者。誠以吾諸父兄弟五人，而伯父、季父旣不幸早世，先君暨家親，可依倚仰恃，以慰孤露之痛者，獨公在耳。

惟我小子，罪惡深重，先君未老而見背，叫呼天地，旣無所逮。及顧先君所事公者，小子穉昧，尚能見而識之，則其所以仰靠于公者，當復如何？方先君疾革，言曰："吾死亦何恨？惟老兄臨年，宗姪穉幼，爲此耿耿耳。"凡公之壽衣服，重自閱視，補其不備，小子心胸抑塞，固不忍詳，而銘肝刻骨，其何忍頃刻忽也？

先君之喪，公悲痛甚，每臨靈筵，失聲哭移日，對小子往往怳然歔欷，小子退而竊自悲也。惟幸公神觀尙旺，氣力不愆，則區區仰望，蓋百年以之，孰謂三年才闋，公繼而捐背耶？

當庚子之春，公有寒感，不甚重也，冷節上塚，歸而候焉。公謂小子曰："吾疾固不猷，只慶兒病重爲勞念耳。"尙能坐起言談猶前，而患症覺越添矣，小子仍留侍疾。翌日而公已不能言，執小子之手，若將有詔敎，而因復嗟唏釀淚，蓋思我先君也。精誠淺薄，藥餌無靈，無幾日而公遂皐復。維時家親繫官東峽，雖急足報病，亦靡之及矣。惟絞衾、衣帶，先君之所躬辦者，小子手檢而入柩中，此時此情，其尙可忍耶？

嗚呼痛矣！先君之背棄，而小子生活自如者頑也。數年之中，凡家內瑣細欣戚，固未嘗不懷先君，公復何爲而遽然長逝，益增小子窮天之至痛？

嗚呼！小子竊覸公平居寡默，淡焉無營，而寬恬和易、謹厚簡重，自有溢於言貌外者，妄謂厖資醇質，誠無愧古之長德，而巋然一門，爲魯靈光，則無長無少，咸仰年德之尊，一朝捐館，莫不廓然有失。況在家親孔懷之慟、小子瞻依之私，其將以何爲慰耶？

始公就窀穸也，小子嬰疾濱死，不克扶紼繞坎，以盡其哀，又不克操文躬酹於柩前，以爲沒身恨。乃陰陽環周，隙駟莫追，而遂及今日焉，則惟小子深哀至慟，失斯時而無復洩矣，淸酤庶饌，敬以陳於筵前。

嗚呼！己亥仲冬，値公晬辰，家親自東邑來，爲公設宴，親賓咸集。小子與從弟進盞數行，竊仰公顔色，若悽然者，而小子亦退而不禁涕之含也。黃鮐期頤，方且爲公祝願，而永爲吾門之福慶矣，曾幾日月，乃又擧玆觴耶！

嗚呼！吾家之灾酷矣。公沒朞年而舍弟又夭，今其亡日，亦且周焉。宗祧靡托，舊宅凄涼，而人事又一大變矣。肝摧腸裂，豈直爲鴒原之私，而追先君病中之苦言，愈不勝痛怛。伏想公靈亦必戚戚於冥冥矣。

嗚呼！祥辰已迫，醴粢方潔，而玄風從叔之喪，復値斯際，拘於禮制，改卜祀期，重念門禍之荐，不徒情理闕然也。惟玆月初之奠，不可以緦功輟，則仍以略告悲悰，而奔遑喪憂，不能爲文。顧其苦臆深情，卽何俟言語達乎？

嗚呼！時方發生，百物回榮，獨人事之變，與日月而滔滔。徒見其往而不見其反，則其將奈何？其將奈何？惟玆觴之擧，亦不可再矣，伏惟尊靈，尙賜俯歆。嗚呼痛哉！

告本生外祖考妣墓文【癸卯】

維歲次癸卯三月庚辰朔初九日戊子，外孫吳瑗，敬以酒果，告于本生外王考農巖先生、外王妣貞夫人延安李氏之墓。

伏以小子。

生而不吊，奄失天只。憑荷愛恤，若母氏恃。
年不就傅，棄背相繼。悠悠我哀，恤恤靡慰？
時啓篋札，有淚漬紙。期待之深，勉誨之至。
自懼荒孺，曷承厥志？遺編在抱，伏讀以欷。
適玆升庠，來謁塋隧。松梓入目，感灩猶始。
泠泠渼水，憶所遊止。春風舒遲，原草交翠。
彷徨怵惕，若聆謦咳。此世俯仰，百愴互萃。
單觴以薦，深悰所寄。

祭黃汝鳴文【甲辰】

維歲甲辰四月三十日癸酉，商山黃君汝鳴不起疾，將以後四月二十三日丙申，永歸玄宅，其前一日，首陽吳瑗伯玉，自陽山來，陳觴柩前，痛哭爲別曰：

嗚呼汝鳴！甲申之歲，汝鳴實始來育于吾先府君。其親則內弟，其學則句讀，而其依仰服事則子之於父也。時汝鳴年九歲，吾年五歲，而周旋追逐，如兄弟相與者，至今二十有一年矣。自其幼也，竹馬之隊、埋鬵之所，交頸連袂，相呼相隨，殆不省孰爾而孰我，況可親疏之論乎？

吾兒時多怒，怒或毆汝鳴，汝鳴則溫然若無犯也。已而怒解，吾卽慙謝，汝鳴益欣然以懽。吾故於羣嬉之中，獨喜與汝鳴遊焉。于時汝鳴尊府公遊宦遠方，汝鳴以吾家爲家，蓋無一日離也，今日如斯，明日又如斯，以謂百年亦如斯而已。

及其年皆十五左右，則頗能以友道相處，稍知汝鳴資質、行誼爲不可及，而燈下從容，纚纚焉論道心曲，課文話燕，日以爲樂。然自是汝鳴以時歸覲于鄉，吾與汝鳴始省人生有離合散聚，而旬月之睽，亦時有之矣。

惟吾不孝無狀，奄失吾先府君，而汝鳴不忍棄吾，留吾苫室。吾頑不死，血泣爲日，而汝鳴扶持撫慰，恐其或死。吾終忍戾，遂闋憂制，而汝鳴已不幸得疾。時則吾年益長，汝鳴之行益進，而心期相許益鄭重矣。

辛丑夏，尊府公節制海島，汝鳴往來省覲，間則養病鄉廬。於是吾與汝鳴，别時多而會時少，時於閒宵索居，屈指髫年遊戲，則歷歷昨日也。

汝鳴素質弱，自其始病，症形已可憂。吾固驚心，知其非藥治所及，而五六年來，雖或進或退，其眞元日趨澌鑠矣，時時相見，見其顔采、氣力，非復昔日之汝鳴，未嘗不耿耿心焦也。秖以積歲綿久，冀天之見憐，庶延十許年之壽。今年正月，聞汝鳴病劇，一過宿焉，旣已無可爲矣，歸而懍然，仍夜無寐。三月之初，又往再宿，則病益危䫉，而精神尚無損，縷縷然欲有言而未盡。吾亦慮汝鳴之致傷，不敢長言，泯泯而還。思之百端，固無生道，而私情所蔽，猶不謂其卒然於一二朔之中也。

嗚呼痛矣！誠知其如此，吾之於汝鳴，夫何惜三舍之程、數日之淹，而不吐盡胸臆之積乎？幽明掩抑，千古之恨也。嗚呼！世運趨下，陰陽棼濁，純明之氣，固屈于淫熭，則以汝鳴之泊然無求、溫然無忮，其不見勞于神明，自其宜矣，無足異矣。惟吾倀倀，與世齟齬，平生交遊，豈亦無人，而求其潔淸恬和如汝鳴者幾人？惟此生亡質之慟，不特二十年同袍之至情而已。

嗚呼！汝鳴亡矣，無奈何矣。吾雖籲天責神，亦靡及矣，而以汝鳴孝心之篤，其何忍使七十老父孑孑然無所憑依？嗷嗷之哭，夜以繼晷，行路之所不忍聞，使吾安忍聞之？吾之所不忍聞，使尊府公何忍自爲心耶？誠汝鳴之有知，泉下之目，亦何忍自瞑耶？高堂菽水，孰賴以供；崩城弱妻，孰憑以活；三尺孤兒，孰怙以長耶？思念到此，吾心欲裂。

嗚呼！吾與汝鳴，方其自髫至壯，牽携馳逐，諧笑燕謔，及於死生之際多矣。固未嘗不以白首同歸爲期，夫孰意二十年間，乃獨使吾怛焉抱人世存沒之戚耶？

嗚呼！西門之舍，有花有木，斯吾與子宿昔之所共樂；草堂之園，宜月宜風，斯吾與子宿昔之所相羊。東亭林沼，可以棲遲，泉石之間，子必吾隨。子吟吾和，吾盃子酬，悠然濠、濮之意，吾與子其知之。乃今陳事悲凉，賞心零落。滿篋文章，留子翰墨；盈籤書帙，想子手迹。禽・尙五嶽之期、羊・求三徑之約，今不可以復憶，則終吾之生，愴怛抑塞而已矣。

嗚呼！昔吾與汝鳴，百里之別、一旬之離，亦必遲回眷戀，不忍卽訣，再三執袂問前期，爲文字以道意。今汝鳴此行，將歸於何地，將返於何日，而何不少遲回眷戀耶？

汝鳴嘗深喜吾文，一字之出，賞逾和璞，今於永訣之辭，哀不能文。惟吾之深悲、至悰與汝鳴質行之懿，而不幸不祿于天者，尙俟別爲敍述，少塞後死之慟，汝鳴不知也耶？

嗚呼！汝鳴不可復見。嗚呼！此觴不可復同。痛矣痛矣！尙饗。

祭外兄南大諫【道揆】文【甲辰】

歲甲辰仲秋，原任大司諫宜春南公，自楊根田舍奔赴國哀，在途猝病甚。其內弟首陽吳瑗急馳候于京第，則公已不能言，遂以九月朔日捐舘舍。先親正郞府君時疾病，聞而驚呼，强起往臨，子姪力諫不可。其二十六日奄又棄諸孤，瑗方號擗殯次，不能送公靷窆。冥頑不死，日月滔滔，三年之期，倏焉已迫，而公之筵几將先撤矣。乃含哀致誠，以今丙午八月二十六日乙酉，奉單觴告長訣曰：

嗚呼！居今世而古人心，登顯仕而布衣操。澹泊而守志則古井之不波，和厚而被物則醇醪之醉人。孝友敦睦，不假於修飭；溫謙易直，一出於眞誠。却步要路則邈邈然如無聞，傾心窮交則汲汲乎若不及。《周雅》之“愷悌君子”、《衛風》之“不忮不求”，非公之德，其孰居之？六旬不夭，諫議非庳，“知足”之言，在公則賢，而黃耇巍冕，世亦多有，公年、公位，豈酬公德？

嗚呼！公於先考，六年以長，豈曰甥舅？實猶伯仲，厥自竹馬同嬉，至夫白首相對，怡然其樂，融然其會。東亭射鵠，北城携壺，凡我先考兄弟之遊，公必周旋，未嘗或後。方其形忘興到，諧笑淋漓，瑗於隅坐覵之，竊欣然樂也。

嗚呼！小子不天，奄失先考。公於晚暮，長抱西州之痛，而余在親懿，猶幸靈光之仰，時往候公，退未嘗不愴然也。

維歲壬寅，世故睽離，公携公室于龍門之庄，余從余親于天德之廬，晨星落落，積歲耿耿。而兩家凶變，一朝斯極，昊天蒼茫，餘生孤孑，追穉年而曾哀，愬至痛而靡從。不腆之羞、無文之語，叫號涕泣於靈筵之下，亦莫之及矣。惟其風流談謔之入吾心曲、園池物色之森吾眼中者，徒使吾淚盡聲竭而不能已，非惟公悼，實吾自悼。公於九原，或復見我二先人，其爲小子道此窮天罔極之哀臆否？

嗚呼痛矣！尙饗。

本生妣安東金氏遷葬時祭文【乙巳】

維歲次乙巳十月乙丑朔初十日甲戌，我本生先妣安東金氏之柩，出自廣州月谷舊塋，將以十三日靷向龍仁駒興山下，十五日祔于本生先考府君之墓。子男瑗出承叔父後，禮不敢服緦主奠。乃前啓靷一日丙子，別奉觴以告曰：

嗚呼痛矣！
兒之初生，罪已貫盈。含哀積恤，二十六年。
兒之面目，母應不記。母之儀範，兒何由識？

七日之間，母子之緣。窮天之寃，徹地之痛。
茫茫孺慕，漠矣重泉。無人之晝，不寐之夕。
昧昧我思，五情抑塞。新阡既襄，玄宅復啓。
方其始啓，若有所望。溫然容聲，若將親承。
終天至恨，若將以慰。呼號以求，終莫能覿。
靜言瞻想，將何彷彿？兒今在此，母何無聞？
昔之呱呱，今長七尺。胡不見母，撫之而喜？
兒罪通天，酷罰萃躬。零丁餘命，又失先君。
廓然穹壤，無復依怙。孑立叩叫，以生爲毒。
胡不見母，畫以恤之？生人之事，兒乃獨有。
有妻于室，有子有女。胡不見母，念而問之？
皇皇摽擗，胡不承答？胡不昭降，見于夢寐？
劬勞至恩，胡若是邈？憑依靈帷，曾幾日夕？
輀車既戒，將詣新岡。先君與會，神理則安。
煢煢人世，俾兒何仰？行路所矜，何莫少顧？
陳辭惟兒，設羞惟婦。云何漠然，不臨而嘗？
歷玆三日，言復玄壤。僾其旒翣，亦將永閟。
何由今世，一識慈顏？何由少報，昊天之恩？
已矣已矣，無復望矣。惟期死日，歸拜九地。
承顏聆音，奉侍諸尊。怡愉至樂，庶比人類。
冥茫此事，孰期孰知？況兒罪逆，天地難容。
其何顏面，見我父母？心煩腸裂，血竭聲短。
天荒地裂，此哀難窮。兒頑如石，必無死理。
至情顧復，母氏在堂。九泉之下，母無兒念。

嗚呼痛矣！ 尙饗。

本生妣東萊鄭氏遷葬時祭文

維歲次乙巳十月乙丑朔初十日甲戌， 我本生先妣東萊鄭氏之柩，出自廣州月谷舊塋，將以十三日靷向龍仁駒興山下，十五日從葬于本生先考府君墓旁。 子男瑗出承叔父後， 禮不敢服緦主奠。乃前啓靷一日丙子，別奉觴以告曰：

嗚呼痛矣！
兒生一朞，母爲兒母。慈情所鍾，宛若親出。
失恃有恃，蒙恩罔極。曾未十歲，奄又捐背。
至恩、至情，無毫末報。慈顔髣髴，目不能詳。
孑然人世，我生之窮。伶俜弱弟，血泣相持。
辛勤提撫，以期成立。九泉他日，庶歸以復。
積惡通天，天又奪此。母子血脉，一朝遂絶。
哀我先妣，出天慈仁。及吾亡弟，至心馴質。
何惡於天，一是之酷？ 惟我之殃，罰及其愛。
號呼鬼神，亦將何贖？ 惡貫罪盈，終不自滅。
遂令凶禍，上延先君。呼穹叩壤，更無依怙。
冥然視息，歲已一周。凶頑忍戾，兒亦自知。
雖死何顔，歸拜父母？ 撫躬痛毒，不敢怨天。
平生慈愛，應憫兒生。吉阡旣襄，遷祔有期。

重開幽隧，載覩旋翣。僾僾容聲，若將復承。
怳怳哀情，如有所期。皇皇以求，邈邈無覿。
叫呼誰應，摽擗誰聞？仰攀前和，秪益寃痛。
靈帷之設，猶若有恃。明發擧紼，指彼新塋。
曾幾日夕，將復重泉。從先君藏，會遇如初。
哀哀鮮民，獨不能從。終天再訣，奉玆一觴。
回顧于次，不見吾弟。伊今何適，不與兒同？
孀媳號擗，靈何無聽？生民以來，莫此之憯。
天何漠漠，鬼何其惡？煢煢孤命，羑弟無知。
重承慈誨，此生無路。茫茫亘古，至痛何窮？
徹天之聲，徹地之血。哀哀尊靈，儻少憐顧。

祭元汝綏【景祿】文【丙午】

歲丙午十二月十五日，首陽吳瑗伯玉，自東郊亭舍，具薄奠、短辭，來哭于亡友元君之筵，其明日則大祥也。辭曰：

吁嗟汝綏！
昔在己亥，維季之冬。我携君手，于郭之東。
雪峰巑岏，氷澗淸泠。心期瀾漫，酒賦徜徉。
中間死生，八改星霜。落月山齋，我夢則驚。
莽蒼氷路，我來思君。君胡邈然，不我之聞？。
吁嗟汝綏！天道太昏。相彼淫奰，壽祿終身。

溫然良玉，粹然天眞。好善之誠，攻學之敦。
君才、君志，孰阻君進？惟其淸脆，未期長筭。
弱冠無兒，善者何勸？吁嗟汝綏！鬼神太忍。
君家禍創，人道至變。寃呼血泣，骨立心隕。
駸駸沴氣，乃乘其隙。方君訃來，我在荼毒。
其含、其輤，我未匍匐。今我不死，酹君斯酌。
羡君殉孝，慙我視息。執華伯手，我淚在臆。

祭監司李公【渫】文【丁未】

維歲次丁未六月丙戌朔十一日丙申，侍生首陽吳瑗，以先執近故觀察使韓州李公卽遠有期，敬持薄具，再拜哭訣于筵下曰：

嗚呼！小子天地間鮮民也。既不吊失先君，惟先君之所友是仰是親。先君朋遊固非一二人，而世仍交好，久與周旋，惟我公爲然。蓋其始終一心，淡乎其如水，而言笑相對，穆然其飮醇，此小子得之耳目而銘之肺肝者也。

嗚呼！方小子之罹禍創，親戚、故知落落參辰矣。顧公臨視頻繁，所以悼逝而恤生，情意至勤。及前歲公往海藩，臨小子堊廬，慇焉撫存。小子亦勉公善攝而望公遄還也。孰知今日小子不死終三年，而公以柩歸，使小子含索之餘淚，灑公靈筵耶？

嗚呼！窮達外物也，君子不爲之戚忻。以公才猷、文雅，晚遇而不高官，雖不欲責命於天，而猶公私之所傷嘆，況仁者必壽，理宜無愆！乃公子諒樂易之德，何怨惡於鬼神，曾不假之六旬之壽，使夫黃鮐之福歸于戾頑？惟天道之反盭，夫孰測其端也？然公之所得，其視吾先君，亦旣多且尊矣。哀余小子誠不暇爲公悲，而悼先契之凋落，恫餘生之煢單，今昔之涕，不覺其如泉矣。

嗚呼！公之幽宅，與先君之阡蒼然松檟，不一舍而相隣，使地下而有知，其必如人世之源源，而獨小子冥戾，孑然苟存，不能下從於九原，緘辭奉觴，哭公筵前。朗然風流，藹然陽春，今不復攀矣。時肴不豐，苦語無文，尙冀尊靈，格小子之衷丹。嗚呼哀哉！

祭文學李公【瑋】文

維歲次丁未九月十二日，先執故侍講院文學李公之柩，將靷歸維楊妙寂之阡，侍生首陽吳瑗，以重陽日壬戌，敬奉單觴薄具，告訣筵下曰：

嗚呼！
小子頑凶，不死酷罰。煢煢餘命，極天含恤。
悲忻觸中，有淚如血。公今永歸，我哀何竭？
公於先子，夙同蘭室。許公英朗，喜公端潔。
師門、藝林，是頏是頡。如形若影，罔或相失。

三十年餘，一心膠漆。深情、至誼，益見存沒。
哀恤之勤，銘在心骨。孰不公悲，我恫采切。
公之文章，爛乎黼黻。蹉跎金榜，萬口誦屈。
四邑之雞，牛刀斯割。治成絃歌，起民饑渴。
金華、畫省，孰秉綸筆？白首一名，天速其奪。
公於死生，素觀者達。有所不瞑，雙闈鶴髮。
宛宛其孝，彩舞爲悅。嗷嗷其哭，聽者代怛。
豈有弟昆，可慰餘日？倚苫叫號，兩髫孱孑。
仁無遐筭，孝未終畢。豐才薄祚，慘猶殤折。
鬼神之惡，天莫可詰。日近墳池，將啓旋紼。
哀辭是告，薄羞是設。昔蒙提奬，不我穉劣。
談文析義，至比頌橘。温言、雅襟，若將彷彿。
人代易嬗，如逝波閱。推今儴舊，淚盡聲咽。
嗚呼哀哉！尙饗。

告祖考墓文【戊申】

恭惟我先，積仁流慶。一家三元，古來爲盛。
今孫不肖，忝魁羣儒。能紹祖武，莫非餘庥。
城西舊宅，老栢猶存。煌煌賜蓋，復樹其前。
恩隆前席，奬越華袞。離筵執經，亦蒙知眷。
家本世祿，義仍休戚。如天之渥，何以報塞？
念昔祖考，捐身扶倫。“忠貞”二字，實惟世傳。

夙宵憂懼，恐墜遺業。繩休闡烈，豈在科甲？
桑梓之榮，上賜恩暇。瞻掃封塋，敬奠酒果。
徒深愴慕，莫追典刑。陳辭虔告，有淚交橫。

告先考妣墓文

小子生晚，不克逮事先妣，蒙先考鞠育教誨，遂以爲嗣。顧不孝無天，夙罹禍酷，餘喘煢煢，以生爲慽。思惟遺訓，怵惕慙兢，治藝求名，非敢徒爲身榮。頃於五月二十九日春塘臺親試，猥擢文科壯元，御手拆名，天顔有忻。

六月初十日，親臨唱第，錫以天童、御蓋。五殿宣醞，兩宮召對，敬奉東朝傳諭。聖主溫言，追提我先考妣，愴念申勤。祇肅新除之日，又復諄諄獎教，華袞之褒，屢及先考。仍下宸章，卽命賡載，用續先朝故事。惟斯眷渥，實少千禩，苟吾先考妣有靈，豈不感泣於幽冥？

旋叨宮僚，屢侍胄筵。玆蒙恩暇，歸榮先阡，奠酹之具，亦出上錫。斯無非積慶之報、提敎之力，松梓生輝，道塗拭目，而彷徨塋域，獨無由一承喜色，至痛憑心，靡逮靡告。

重念不肖早孤，其行身、處己，慙負嚴訓，蓋非一二。今天恩至隆，世事至艱，而資於事父，已無其地，夙宵惴惕，實恐永墜忠孝之緒。庶自今警飭砥礪，以少答主眷，卒成遺志。矢辭陳誠，有淚盈觶。

祭外兄崔江西【守身】文【己酉】

嗚呼！

觀人有道，必考其內。兄母我姑，時甫八歲。

融融愉色，宛宛深愛。二十餘年，無一日怠。

慈情、孝心，滿室和氣。何必親出，然後有子？

純心所推，見于衆美。寬和有容，淸明少滓。

仁壽善福，神理可徵。積歲沈病，三十云亡。

期月一縣，曷展材能？行路所惜，矧余至情？

共隊嬉游，厥自髫穉。襟期則合，匪直同齒。

辛鹹之際，見有同異。深衷相許，白直二字。

困傾廩倒，不問朝曛。迨其病革，見亦欣然。

曰："子且坐，少會心人。"長言袞袞，忘其喟呻。

心肝之托，近在親懿。踽涼末路，此樂非易。

一朝失去，如割吾臂。記兄病日，對我而謂。

"人所不堪，疾痛切身。若吾斯疾，匪望差痊。

床簀宛轉，幸延中年。庶幾終養，死亦無寃。"

惟此苦言，可感神祇。竟誰催促，曾莫躕踟？

兩家三親，窮獨靡依。每念我姑，暇爲兄悲。

人無生育，天下之窮。無子而有，孝又不終。

白首噭號，血泣沾胸。鬼伯之惡，天曷瞢瞢？

我姑撫我，恩猶己兒。以我零丁，恃我姑慈。

仁心、至德，我謂敢私？縱不履福，毒割奚爲？

兄今捨去，卽彼玄土。幽明一隔，儻遂無寤。

平生孝愛，胡恝不顧？我來訣兄，一觴斯擧。
埋玉、亡質，終古所唏。日逝月遠，亦應忘懷。
獨無可慰，我姑之哀。我言及此，靈必遲回。
嗚呼！尙饗。

祭崔元卿【宗柱】文【庚戌】

我識公面，初以婚姻。觀公孝友，自公閨門。
不我頑愚，公忘其年。端操、雅識，得公所存。
何求何忮？泊乎其安。穆然心會，我醉如醇。
襟期所同，水涯、山巓。歸盤之樂，我羡公先。
棄祿如屣，惟義是循。簞瓢飢渴，不知其貧。
凡世榮腴，公旣讓人。胡復嗇壽，莫究者神。
堂有母只，殯偕妻棺。行途之涕，況我心酸？
我知天定，必酬公仁。豈無餘慶？六男甡甡。
方公入土，我使湖堧。遲遲一慟，待卜新阡。
玄堂雖啓，脩夜無晨。披帷哭柩，誰覿誰聞？
昔歲冬初，訪公此山。斟酒在觴，剝栗于園。
崖寺聽瀑，霜葉如丹。嘯詠相間，朋侶翩聯。
天時周環，過迹如雲。維擎與淸，亦久重泉。
林巒滿目，助我汍瀾。惟有單觴，瀉玆悲肝。

祭沈衡重文【辛亥】

維辛亥孟冬，沈君衡重沒于驪湖之居，將以其十二月初二日辛卯，就窀穸。其友韓山李秀得·李思重、延安李命德、首陽吳瑗，各拘於憂病、事故，不能竭蹶臨哭，共治酒核肴脩，爲文致筵側，丐人告之曰：

嗚呼！惟吾黨二三子，相敦友道，濯磨以義，子從其遊，好善虛己，克有終始。其人韋弦、鹹酸，參差相次，文酒之集，言辯風起，而子在其間，接以和易，諧談、色笑，坦然布其心事，斯知其爲善人、良士矣。

嗚呼！參商易散，山川多阻。江湖弋釣，雖爰得子所，而離合、衰盛，已各有中年心緖，又孰知存亡之隔，若斯之遽耶？才而無命，仁而不祐，天人之舛其久矣，何獨於子？乃憾其不相偶，惟其修業造善，以期望其成就者，天乃忍奪子志而夭子壽，雖九地亦齎恨，況朋遊之傷疚？

嗚呼！子以一子，不卒養母，呼天之哭，涕泣行路，將子有知，未遑自悼。惟吾儕之永慟，固亦知其無補，追陳往而撫幽明，自不禁摧腸而裂腑。

嗚呼！日月之逝，子且就地，各憂故之羈縶，未洩哀於臨窆，素車、白馬，思古人而悲愧，哀臆所同。寓玆數行與單觶，靈其必悵焉顧懷，而猶尙歆于此矣。嗚呼！

祭李士固文【癸丑】

維癸丑季冬，亡友士固之柩將歸葬于公山，首陽吳瑗伯玉繫官于朝，不克視窀穸之事，以其旣望癸亥，酹酒哭訣曰：

嗚呼！
士求知心，千載以俟。惟吾與子，十年而已。
吾雖悅子，曷能盡知？迺子知吾，過吾自期。
愚智相去，信乎有間。而其莫逆，和易平遠。
流通之見，淵透之悟。今焉失子，孰相迷路？
吾曹所企，太上忘情。非曰哭子，所悲吾生。
嗚呼痛矣！尙饗。

外姑淑人宋氏文【丁巳】

維丁巳五月十一日戊戌，外姑淑人恩津宋氏卒于比安縣舍，以七月二十九日乙卯，葬于忠原新兆。子壻首陽吳瑗適繫于王事，不克先期而至，旣而自京師倍程疾馳，至則窀穸訖矣，遂詣墓下，敬奠酒果，而告之以文曰：

嗚呼！
昔我迎婦，先子有言。曰："惟爾相，端潔淑溫。
衿帨之敎，可識其自。"爰從甥室，獲徵閫懿。

介而有容，和而能正。行孚婣黨，惠感隣井。
居貧若富，樂我縞綦。斤斤子女，率訓靡違。
天賦其美，奚必圖史？宜勞于神，以祿以祉。
殤哀痼疢，啜泣憂呻。又不遐年，何以酬仁？
羔鴈之禮，憶在童歲。嘉姻叶吉，兩家均喜。
迨我孤惸，又哭良耦。歲月川駛，哀樂風驟。
撫存彌勤，終始罔易。相寬好言，惟恐貽戚。
南州候疾，色爲敷腴。自我辭歸，歲亦再徂。
嗣音旣闊，訃告忽傳。遺緘惓惓，披讀涕漣。
況我弱女，恩慈是恃。幽明睽乖，茹痛曷已？
遙聞新穸，邇玆清峽。王事敦我，欲歸靡及。
炎潦跋履，已後堂封。行瞻舊廬，遵彼煙江。
尙記遊止，老樹柴門。酌酒命我，剪韭烹鱗。
胡爲舍此，于彼荒谷？容聲未遠，泉隧遽隔。
空阡瓣香，秋雨添觶。泡漚萬事，俛仰二紀。
知眷之深，期待之長。將何報答？一哀謇腸。
嗚呼痛哉！尙饗。

祭季嫂孺人沈氏文【庚申】

惟嫂至行，銘我心膈。禮雖推遠，悲實難抑。
惟我母氏，未老含恤。曾哀桑欷，十年一日。
自嫂于歸，始奉懽顏。婉[1]容、深愛，感悅傍觀。

嫂有淑質，高識潔志。匪直孝婦，展也女士。
吾季之良，幸有賢匹。昌家福後，謂天可必。
一疾不醫，神理曷諶？短期如夢，二穉非男。
凡我姻黨，莫不傷惜。實無可慰，母氏之戚。
噭噭其哭，若裂我肌。平生孝心，何忍至斯？
念嫂父母，在子惟嫂。寃號叫擗，涕洟行道。
天高不聞，人莫爲謀。祖載有期，又安得留？
從先人葬，魂庶有知。一觴寄哀，以送靈歸。

1 저본에는 '惋'.《禮記》〈祭義〉에 의거하여 수정.

月谷集

卷十四

祭文
哀辭
雜著

祭文

定州艮菴李公祠宇奉安文

思皇聖朝，文敎隆奕。
宗儒哲匠，先後迭作。
維宋文正，傑然嵬卓。
輔仁授道，最多鴻碩。
曰有靜觀，實相羽翼。
如張於朱，道義麗澤。
猗我先生，克嗣厥德。
是父是師，淵源端的。
胚胎休光，懿質天得。
藹乎芝蘭，栗若圭璧。
聰明穎秀，粤自丱角。
才優粉黼，業承喬木。
夷塗亨軌。孰能沮隘？
退然斂避，刳心正學。
靈芝一區。守我先躅。
齋成志事，寤寐遺則。
遂從皐比，以資磨琢。

終身鑽仰，竭才博約。
分析毫縷，步趨繩尺。
居家爲政，孝友斯篤。
接物子諒，憂世懇惻。
出其緖餘，文亦菽粟。
中歲懷章，喜在奉檄。
數郡之治，民歌遺澤。
浙東荒政，武城儒俗。
致用之學，斯焉可識？
祿旣不逮，迺尋初服。
周圖邵丸，偃仰林壑。
弓旌聯翩，其志介石。
尊師衛道，擔爲已責。
邪說橫潰，廓然辭闢。
斯文有賴，民紀無忒。
聖眷彌隆，思共天爵。
國子離筵，虛其師席。
心非果忘，素履難泐。
匡君一念，匪曰藿食。
奏議之編，誠切芹曝。
陳善責難，字字龜燭。
年高德尊，益存謙抑。
虛己好善，不自矜足。
滄桑貿換，老成凋落。

巋然魯殿，善類所式。
孰爲簧口？彼哉讒賊。
安世過嶺，元定血脚。
炎風虐雪，遯矣南北。
恬然處順，不震不慯。
慘憺關塞，中途皐復。
天生天殺，章惇有力。
理終必定，伏陽回剝。
聖世榮褒，竦動邇遯。
況玆下邑，睆簀所易。
迹留止鵩，悲同斷竹。
瞻想儀刑，緬傃令德。
爰落新祠，以妥以祝。
愀然若見，多士翼翼。
其始自今，禋潔無斁。

鏡城華谷書院五先生奉安祭文【癸丑】

粵我鏡邑，介于窮荒。
氓愚俗陋，莫克知方。
於皇列朝！德敎遐被。
惟良共理，不我椎鄙。
蜀文、潮韓，錯落相繼。

賢風善敎，入人未沬。
恭惟泉谷，忠孝自天。
封疆任重，文武資全。
萊、釜風雨，漆齒盈城。
熊魚取舍，恩義重輕。
從容一死，吾視如歸。
延頸受刃，指痣驗尸。
匪直匹士，忼慨忘生。
蠻醜亦感，箕域增光。
卓彼淸陰，直方爲學。
步武繩矩，心肝鐵石。
邦衡斥檜，大義斯炳。
子卿拘胡，一節無恙。
刀鋸鼎鑊，履若康莊。
隻身擔負，地紀天綱。
忠義所激，犬羊吐舌。
陶山五柳，有明日月。
烈哉桐溪，氣凜氷霜。
人至難言，母子弟兄。
身嬰逆鱗，脚無窮髮。
玉焚彌光，桂老愈辣。
圍城剚腹，矢死守經。
三光淪墊，一手以擎。
心恥帝秦，義揭宗周。

窮山樹屋，抱我春秋。

相古有訓，好是懿德。

玆邦何幸，屢辱賢躅?

星岳巍節，夷夏大名。

非吾僻陋，所敢私榮。

君子所過，必有遺惠。

欽賢誦義，罔間百世。

矧我屯村，其澤未遠。

行惟模楷，器卽瑚璉。

正顏立朝，矢謨匡君。

姻連椒翟，習洗鼎茵。

祥鸞之棲，亦曾枳棘。

武城絃歌，安定敎廸。

敷文作士，率禮牖蒙。

遂令荒陬，一變儒風。

凡厥吾黨，斐然衿紳。

鼓舞興起，寔賴諸賢。

有儼新宮，華山之趾。

崇德報功，敢忘斯義?

亦惟農巖，名祖賢孫。

心通道妙，文溯理原。

確乎行藏，民彝有賴。

其佐帥幕，職兼提誨。

横竪講論，灑落襟次。

聆風薰德，疇不心醉？
斯文所在，蓋多私淑。
一體崇慕，於焉配食。
維辰之良，治主以升。
甡甡多士，咸造戺庭。
依仁游藝，永有歸仰。
昭我始事，潔我禋享。
金聲玉色，儼然在列。
靈惟我歆，啓佑無缺。

華谷書院澤堂追享祭文

恭惟先生，天錫懿美。
精深英睿，粤自穉齒。
積學强志，以昌厥施。
行藏以義，晦明惟時。
端言正色，羽儀王庭。
大冊高文，黼黻休明。
詞華之衒，有迷不反。
公惟慥慥，存心大本。
聰明之過，或鶩高玄。
公獨兢兢，恪守法門。
正家有禮，節文咸式。

貽後有方，謨訓斯廸。
衛道誼正，警世心切。
凡厥緒言，皆可稱述。
知我之希，惜未大展。
神明有告，不懼不憫。
獨有憂患，竭力汗靑。
公是公非，揭我鑑衡。
允矣大雅，質有其文。
魁斗繫名，國人同尊。
況玆北州，公實佐幕。
導廸以誠，不我荒朴。
休德耿光，久益罔諼。
人挹流風，士誦遺編。
迺瞻諸賢，俎豆有宮。
曷不竝躋，以報以崇?
詢謀攸同，月日斯卜。
治主昭事，衿紳翼翼。
陳我芬苾，以祈昭鑑。
闕典斯擧，其永無憾。
尙賴靈佑，啓我頑蒙。
爰始自今，禋享靡窮。

澤堂追享時告各位文

崧高維華，邦人所仰。
芬苾維馨，諸賢所享。
明用禋祀，惟德之視。
實懼荒陋，有忝斯義。
粤維澤堂，彬彬文質。
昌辭邃識，根極經術。
秉禮蹈道，克始克終。
繄吾北土，寔賴牖蒙。
德音攸遺，久而不忘。
一體崇報，於禮允臧。
闕典將修，僉謀旣齊。
穀朝于差，治主以躋。
斯文無憾，啓佑靡斁。
昭告用虔，庶幾降格。

尙州三忠祠奉安祭文【庚申】

往在壬辰，島夷逞螫。
蹂我南服，風驅霆擊。
嶺阨方潰，商陣已衂。
桓桓虎將，鳥鼠竄伏。

死綏之勇，乃在參幕。
一日幷命，三忠同迹。
嗟惟果齋！才高行篤。
扶翼儒賢，切磨朋益。
忠著筵講，功潸邦巘。
臨難奮往，義形言色。
痛彼元戎，委師與敵。
一死有定，堅坐如嶽。
揭玆義烈，貽我似續。
一門三節，國人攸式。
猗歟李公！忠義素蓄。
官卑郎署，韋褐纔易。
袒革從戎，爰替我伯。
雄關失守，義不旋足。
匹馬南馳，野屍已積。
援枹飮血。決命鋒鏑。
英英烈魄，寧化猿鶴？
空中投橘，精爽如覿。
亦越朴公！妙齡英特。
弱冠魁元，瑞世鸞鷟。
談經帷幄，軍旅匪學。
臨陣一疏，忠憤斯激。
緘辭訣親，血漬衫帛。
丈夫所恥，草間偸息。

熊魚取舍，辨於晷刻。
殉國初志，不負寸赤。
穆陵之盛，髦俊竝作。
譬彼杞梓，蓋始培植。
時丁搶攘，樹立斯卓。
兵連六載，禍遍環域。
忱臣義將，踵武相錯。
孰非諸公，倡發之力?
撑持人紀，百世靡忒。
匪直興邦，有賴其績。
列祖勸忠，亦勤褒飾。
千秋國殤，禮秩蘭鞠。
洛原蒼莽，甑淵黝黑。
睠懷遺烈，行旅傷惻。
多士僉謀，相玆龜食。
三門四表，樑棟儼若。
維夏廿五，復矢之夕。
年代雖遐，慨想猶昨。
爰差斯辰，治主用陟。
位序秩然，有隣其德。
神陞赫曦，氣壯嶽瀆。
庶幾降顧，永扶民極。

哀辭

洪君素哀辭【戊戌】

洪君樸之死也，其同遊者相謂：“君素才而未就，年十九死，沒沒無稱爲可惜，圖有以述之。”余亦君素之遊，而與知君素者也，夫君素而止此，誠可惜。

始余見君素，年俱十五耳。見其貌，讀其詩，固心傾之，間爲文字會，留連累日夜。

君素爲人淸明峻潔，言行不苟。誠於友朋，有過必告，告必直截無諱。其交甚擇，而謬許余特深，故余得知之熟而誠服焉。

君素雅自期在古人名節，不欲合汙俗，其識高，寧過而不爲下，故其言論激而不阿。有志學聖人學，顧自以未優於弟子之職，不能遑也。是其行必本之孝弟，而又剛銳之質，於造道最近。然君素年尙少，卽嶄然崖角，而其欲折以中之，亦易爲力矣。

嗚呼！以君素賢，方將日進不止，而獨限於殤齡，俾其才志百不能十一充焉。惜哉！嚮使君素無才、無志而得其年壽，則猶可以一藝名焉，無或逾乎？而何君素之賢而無成也？

噫！才旣我有則其成天也，不成天也，其不幸而與野草、黃壤同其化者亦天也。嗟！君素旣得諸己矣，雖乖乎天，亦何悲耶？天人之說，吾不能究，惟平生握手言心之頃，所得君素一二，終不忍爲君素無傳焉。惜乎！傳之非其人也。吾又悲君素之不遇也。係以辭曰：

陟彼崇臯兮，有蘭斯芽。芳潔自守兮，孔昭且嘉。
爰膏爰漑兮，亦莠之刈。迨其峻茂兮，吾將爾佩。
時之未晏兮，霜霰烈烈。何彼茁茁兮，而隕以折？
爾質之貞兮，迺委厥英。豈其幽潔兮，羞草木同榮？
瞻彼中林兮，有菀蕭艾。吾寧采之兮，以紉以帶？
徊徨于野兮，我思靡適。手挹枯馨兮，我淚滴滴。

黃直長順承 哀辭【己亥】

故直長黃公出箕城，能不資學治，而於孝恭慈廉篤摯甚。苟心所安，雖大乖於衆，莫與顧，閭曲稱號“黃固執”。“固執”之名，達京師，召拜官至典牲署直長，守職如于家。

己亥春，正會國禋祀，露齋洗沐，旣而疾卒京邸，君子曰：“豈其無天道歟！”蓋公行飭家衖，州人率化，强盜者至不忍犯，而公執志謹節過甚，往往驚俗瞻，尙同者間譏謷以爲怪。然其行國人罔不聞焉。

余謂公：“持操雖越於大中乎，惟能不詭其隨，而終始細鉅無惰色，則斯其純心至到者耶!”夫中庸，聖人道也。賢者過焉，不賢者不及，噫！今之人其皆聖人歟？辭曰：

粵古觀過仁亦識，堅脆正偏各襲質。降季敷同雕喪樸，便嫺儇巧曰吾達。

紺素蒙眩均粉澤，離朱決眦莫瞰察。公攘群嗤介以執，煦煦其仁性攸得。

謂迂謂曲我則服，曷爲誦公古人匹？

閔夫人哀辭【戊申】

陶菴李公賢而有道，爲士林所重，而其太夫人閔氏，驪陽文貞公之女，同春先生外孫也。

瑗惟朱夫子編《小學》書，爲扶樹世敎之本，而取《列女傳》所以胎敎者，揭之第一章，卒又著孟母三遷事以丁寧反復之，其意切矣。然世之婦人孰不願敎其子爲賢子，而自世道降，傅姆之訓先亡，其平居飭心持躬者，不能盡出於端莊貞一，而於書傳所記敎子之方，或未聞而行之，則賢才之不生，未必不由是也。

夫人以文貞公爲父，以宋先生之女爲母，而以陶菴公爲之子，觀其所受敎與所敎，而夫人之爲夫人，可不問而知也。若瑗小子，獲在重姻之末，於夫人內則固耳習焉。蓋其從幼至老七十三年，言行細大，未敢或違於圖史之訓，而自其稱未亡人，其敎幼子，一以義而不溺於慈愛。

其言曰“有子而不令，如無子也”，身自訓督，兼父師之職。及其有成，猶不懈，以至出處、進退之方，蓋亦未嘗不丁寧也。嗚呼！其宜有是子矣！人或以賢、不肖不係世類，而謂靈芝、醴泉之無根源者，殆非定論也。

夫人以戊申九月，卒于驪州寓舍，越三月丙辰，歸祔于龍仁舊阡。陶菴公遙命瑗相紼之文，瑗旣不敢辭，則輒推朱夫子垂敎之意可徵驗如此者，以告後之爲人母者焉。若夫珩佩之度、蘋藻之懿，任彤史者自宜書之，今不復詳云。辭曰：

嗟夫人之德兮，厥有所自。嗟夫人之敎兮，厥有所就。
惟其有之兮，曷不似之？終始純嫩兮，本末休光。
婦人之榮兮，奕莫與京。風斯百世兮，敬述短章。

開寧縣監宋公【煒】哀辭【己酉】

瑗平居讀書，慨然自恨生世晚，不及古人與之遊，又恨不能如康節邵子出遊四方，遍求天下士，往往感激悲吒，不知其愚也。

然嘗以家世舊好，獲習壺山宋公，公吾季父石交也。瑗早違季父，其言行雖未能詳，然幼聞諸父言，季父端介簡潔，擇交甚謹，瑗以此知公之賢也。又聞諸父亟稱公信義篤厚，不以存亡有改，每公至，爲之傾倒莫逆，瑗以此益知公心也。

及瑗不大，荐遘哀創，公所以悼逝撫生，愈慇懃有加。時則瑗亦稍省事矣，每從公從容話言，心充然有得。退而觀于世，其爲士固有標置名行修飾矜持者，而未見公之葆眞處和，蘊器而不衒也。其出言立論，非不依附義理激昂峻厲，而未有公之權衡平正，決折明白，超然無牽係之累也。及其出入古今論事當成敗，其憂深慮遠，獨覩今人所未覩。

瑗之迂愚亦未嘗不犁然有契，而公又過取瑗，期許殊重。顧瑗懶不敏，不能亟從公聽公議論，而重以憂哀廢居，公又出莅南邑，平生蘊于心者，未吐其十一。然猶謂此世甚長，可以終奉敎誨，而不虛爲吾生也。前年春，人有以公訃來者，瑗發書哭失聲。

夫以求士於千古之遠與四方之廣，而幸得之先人交友，蒙被其惠許，人之樂無過是者。然猶不能勤於遊從，開口悉出其素積，以爲幽明恨，則前日之感激悲吒，亦癡心而已。

公沒明年己酉孟冬，其宅兆始將永卜，遺孤屬瑗爲相紼之文，愴念舊義，後死之悲可知也。然瑗之悲愈悲，斯世不易復得公也。謹叙之如此，若公文詞、行誼之美，亦不暇盡述云。辭曰：

球璧之璆琅兮，胡不序房？梗杞之駁娑兮，胡棄山岡？

屈百里之小試兮，廩廩召、杜。藹積仁之必食兮，兟兟子女。

惟簡竹之深心，與龜蔡之獨見。抱希音而不宣兮，世無知亦何怨?

懷古人而莫偕兮，公九原又難作。獨彷徨於迷路兮，菀餘恨其絓積。

雜著

讀《小學》【戊戌】

記余小子年七歲，先君子授以《小學》書，農巖先生聞而寄書曰：“古人八歲入《小學》，而汝則能先一歲可嘉。”且令一依其灑掃、應對、愛親、敬長之法。然其時騃甚，口讀焉而心不省其何語也，以故凡於子弟之職。闕焉者多。

逮夫十六歲，偶見此書所云“視於無形，聽於無聲”者，惐惐焉深有所感。自思以爲：“人子事親，靡不用極者如此。若乃疏節之孝，固不足以盡道，況不能謹於疏節者乎？因玆怛惕慙懼。”

乃復遍閱內外篇，圖欲由是而革前之爲，而不幸先君子棄不肖，遂抱至痛於終天，而不孝之罪，死無及贖矣，每讀此書，未嘗不靦然愧衋焉痛也。

然其自盡之所，猶有三年之制，顧又貪生惜死，莫克如禮，尙泯然于今日，則衰麻已去身矣，吾其長爲此書之罪人矣。然竊嘗考此書，有曰“事死如事生”，又有曰“父沒觀其行”。嗚呼！小子所以自勉而少贖其罪者，獨有此存焉，小子勉之勉之！歲戊戌十月十三日在月谷丙舍，泣書以自警。

憂箴【庚子】

憂生於樂，樂生於憂。人無少恐，必有大憂。
兆民至繁，萬乘之憂。簞食易飽，丐兒何憂？
憂者必愼，愼則少憂。樂者必放，放而多憂。
人之生世，難捨者憂。憂其可憂，庶幾無憂。
惟忠惟信，不逮是憂。橫逆之來，我復何憂？

書壁銘【辛丑】

內主誠，非誠不立。外致勤，必勤乃集。

自警文【壬寅】

祭祀盡如在之誠，言行追繼志之孝。
晨昏勤定省之節，動靜極心志之養。
導妻子以和以正。接親屬以恩以義。
怕人知事莫萌心，此語最切於初頭立心。

問筮文

芹宮戰藝，占黃甲之是期，蓍策稽疑，擲玄貝而有問。吉也凶也，神之告之。

某翰墨才疎，經綸志大。青雲紫紱，王公之溫飽非心；白屋蒼生，范子之憂樂係念。遂屈志功令之學，早投迹場屋之間。伊聖朝之需材，必由此路，蓋賢士之旅進，靡容他求。

頃幸占省科之榮，旋以違國憲而黜。庭槐之夢忽忽，人皆以失爲嘆；澗松之翠遲遲，天或於此有意。寧疚心得喪之際？但俟命窮達之天。

屬春闈之屆期，復東堂之赴試。惟文辭之優拙，固當求諸一身，乃得失之幾微，所不知者數命。神明蘊予奪之柄，孰先傳焉？卦兆著休咎之端，此可徵也。

肆肅齊而拂策，聊對越而虔心。蟲臂鼠肝，固知莫非造化；鯤騰豹隱，何惜爲我發蒙？顧以百無能之身，妄擬斯世大任，猶昧一不幸之戒，自愧少年躁心。精誠在中，感通宜迅。

自訟箴

【余知讀書慕古人，于今十年，自視其身，猶下流也，撫念年歲，可不懼乎?】

慾心不能制，邪心不能絶。詐心不能祛，私心不能抑。
惟此四者，爲吾痼疾。欲脫而愈纏，漸熾而不覺。

因循輾轉，至于今日。其所由所行，與禽獸奚擇？
秉彝不泯，能無心恘？其始自今，念念克復。
凡厥根株，一刀勇割。所不若此者，寧比於橫目？
維歲壬寅陽至之節，惕然有動，敬書于壁。

戒言箴

君子立身，誠之爲貴。溫公有言，不妄語始。
懦或徇人，爭則失己。愼出乃口，毋違乃志。

記夢【丁未】

丁未季冬，臥病數日，風雪閉門，百感縈心。六日之夜，少間而睡，夢陪二先君，遊國東門外一舍地。從者二三子蓋皆舊客也。

有洞寬夷，長川逶迤，水深綠可舟，左右多巖崖。林樹其渚，小石出水中，上有小茅亭，傾圮不可久坐。下緣涯得巖瀑溪澗，澗會于川，川行五六里入于江。涉溪上高原，可望見江水，林麓翳然，眼界爽朗，蓋楊、廣之間云。

原下小村，名曰“常德”。其高處可置亭，亦有田園可自娛也。傍人曰：“是欲捐而售者，有一貴介欲居之未果也。”

余樂斯地之爽塏，且於鐘巖墅不遠也，請且歸其直而有之。欲取子瞻賦，名其亭曰“挾僊”、樓曰“抱月”，又起一軒名曰“嘯雲”以與樓對。 則取謫僊“嘯起白雲飛七澤”語也。居息之齋，欲仍以村名名之。扶將杖屨，逍遙未闌，蘧然而寤矣。

嗚呼！ 先君兄弟雅有丘壑高趣， 直以世故牽絆而病憂乘之。小子不孝，不能承顏、適志以卒奉寬閒養頤之樂，而九年之中再罹創禍，孤露一身冥頑獨存，時於遺草中讀《塤篪唱和》之篇，而血淚漬紙而已。

雖欲以此生操几杖舞斑彩於湖山、樓閣之間， 少承怡愉之色，可復得乎？今玆一晌之夢，庶幾續生平未卒之懽，而慰小子窮天之哀矣，忽焉而失之，羡慕煩冤，寧有極哉？古人云“夢生於想”， 苟小子精誠有感， 亦必日日而斯夢矣。嗚呼！是在小子！

戊申七月下浣，夢作古人像贊，記其一語曰“淸廟冠冕，武庫戈鋋”。 顧傍人曰：“可以發揮此公端正莊嚴氣像否？”傍人曰：“唯唯。”竟亦不記古之何人。

八月下旬， 夢與二三子出郊遊賞。 時正初春， 余得詩曰：“千峰罷雪生微綠，衆鳥逢春作好音。”傍人稱佳。一客曰：“作字恐不如學。”推敲未定而覺。

余夜夢如是者甚數，不可盡記。山水文章固雅致，而至不能忘於夢寐間，則亦太癖矣，自笑。

己酉九月余家居。一日夢入宿禁中公舍，蓋舊春坊之傍也。門墻傾圮，四顧闃寂，不勝其悲，占一詩曰：“銅門月曉漏聲來，似待龍樓問寢廻。淸淚百行收不得，西風沾灑玉階苔。”自前冬來，擧國臣黎孰不悲寃籲天，而余以春坊舊僚，每思趨銅闈而承睿音，怳然如隔前生。潛居靜念，心骨摧傷，夢寐之發，烏得不然？悲夫！

【始余得此夢，謂其生於想耳。日昨以騎曹郎中差敬徽殿虞祭，齋宿於故翊衛司，追記前詩。夜深無寐，重門寥敻，荒苔侵徑，而晨月斜明，人迹闃然，歷歷夢中所覩，豈人事莫不前定耶？孤坐悽哽，歸而記之。庚戌十月下浣記。】

對良知良能策【戊申○別試初試居魁】

對。

噫！淵乎博哉，聖賢之立言！何其紛然多端也？人之受生於天而所以爲人者，藐然六尺之軀殼，而渾然方寸之靈府而已，而卽其藐然渾然之內，有名之曰“心”者焉，有名之曰“性”者焉、“情”者焉，而曰“心”、曰“性”、“情”之外，復有所謂“良知”、“良能”者焉。是何一腔子之內，而名物之紛綸若此也？

嗚呼！先儒之發揮心、性、情，至洛、閩諸先生始詳且備，而然其原則皆出於鄒孟氏。蓋其性善一言固已日星乎萬世，而至其論仁義之心則設譬於山木之萌蘖，明善端之發則取驗於赤子之入井，此皆就常理之至近、人心之固有者，推廣而言之，可謂深切著明靡遺蘊，而無俟乎更著言語矣。

然猶復爲良知、良能之說者，誠以人之固有而至近者，蓋莫切於孩提之愛親而敬兄。故丁寧反復於斯，欲使天下同有此心之人惕然怵然，有以復此性而發此情也，此豈非孟夫子喫緊爲人處乎？

嗚呼！惟此良知、良能者，既是天之所畀，而人莫不受，則固無高下、等級之參差不齊，而推其所知所能，極之於所未知未能，則聖人亦我也，我亦聖人也，而究厥所歸，聖人之於庸人，一何星淵隔而潢海殊耶？

嗚呼！行之而不著，習之而不察，終身由之而不知其道者，滔滔焉一世皆是，則人孰不有良知、良能，而其知良知、良能之在我者固鮮矣。自孟氏蓋已深嘆於斯焉，況世道益下，人心愈溺，聖學之不明，莫此時若，則人之有良知、良能，其不梏而喪之，與禽獸異者幾人乎？

噫！從古聖賢善開發人，蓋無如孟子。其爲言每因人之所已明，而達之於其所未明，卽此良知、良能一語，亦可見矣。顧孟子嘗引龍子"不知足而爲屨，吾知其不爲蕢"之言，而曰"心之所同然者，理也義也。聖人先得我心之所同然也"。愚於斯言竊有所感奮，嘗願學理義之學，以求良知、良能之同然，而其先得我心而作興之，敢有望於在上之聖人矣。禮圍奉策，正激愚衷。

竊謂人之生也，莫不有良知、良能焉。蓋天降生民，厥類最靈，不待思慮而自有所知，不俟學習而自有所能。此乃善心之本然，初無一夫之不得，未嘗以賢智而有加焉，未嘗以愚不肖而有損焉。是故凡圓顱方趾而號爲人者，方其幼時，莫不愛其父母，及其稍長，莫不敬其兄長。此心油然隨處而在，初何假於計較商度之心、提撕勸勉之功哉？

然而昏明、粹駁厥禀不齊，耳目口鼻其欲易感，則察之於日用之際，驗之於事爲之間，本善之心，未克充擴，如泉之未及達而已有防之者焉，如火之未及燃而已有撲之者焉，其不能藹然直遂，固無怪也。

嗚呼！彼良知、良能者，實根於天理之固有，而賢而智者知此理而推廣之，愚不肖者不知此理而梏喪之。“彼何人？我何人？”，惟在學之而已，而人苟非豪傑之士，其焉能無文王而興乎？

嗚呼！愚也奉讀明問諸條，竊有疑焉。夫學者之患，最在牽合名目，而講討之要，莫如驗認實體。今執事之問，似多牽合之病，而未有驗認之要。豈執事姑以是試愚乎？雖然請且因是而復之。

噫！夫所謂良知、良能者，就“良”字言之則似屬乎未發之性，就“知”與“能”字言之則似屬乎已發之情。然本然之善，雖類乎性，旣知旣能而便謂之性，則不幾於認心爲性者乎？曰“知”曰“能”雖類乎情，孟子之立言，蓋曰有是知底、有是能底而已，固非就發用敷施上說，則其可便謂之情乎？

噫！愚固謂以本善之心，言良知、良能者，最爲得之，朱子所謂“放出而爲人心”者，誠不可謂良知、良能，而其“收回而爲道心”者，固近似於良知、良能矣。然而彼則以覺於義理者言，此則以本然之善者言。細究其奥，亦各有所指，則又何必排比爲說乎？

噫！斯民之生，有物有則，則惟此良知、良能乃出於天，而非係於人者。然而氣質之拘而情慾之誘焉，則復其本心，不能無俟於學、問、思、辨之功。若曰“一任其天而不容人力”，此正江西大拍頭之法門，朱子所以極力痛辨者也。執事於此復何問乎？

噫！人有百行，孝弟爲本，則天理、人情之自然者。豈有切於愛親、敬兄乎？有若之言而程子之論之至詳切矣。孟子之獨擧此二者，其意何以異於此哉？

噫！堯、舜之無意安行，湯、武之有意利行，其良知、良能雖無彼此之殊，而生知、學知固有性反之差，及論其成功則亦一而已。

噫！義理具足之謂大人之心，人欲未汨之謂赤子之心，其幼也則赤子之心，而其長也則大人之心也。良知、良能固是人欲不汨之善心，則屬之赤子之心，亦未見其不可。然良心之與赤子心，固不必細分地位，而必欲分之，則赤子之心，宜在良心之前矣，今反在良心之後焉，愚以爲未精也。蓋程氏之爲此圖也，實有强分排之病，全無實體認之味。愚每厭之，而今執事則乃以大人、赤子之心謂無異同，則愚又惑其太無分數也。

噫！夫婦之愚，可知可能者，乃道中之一事也。聖人之聖，亦不知不能者，擧全體而統言也。良知、良能之有在，則孩提之年，亦知愛敬之誠，而外誘己私之旣蔽，則長大之後，反味孝弟之道，甚矣本心之難保而情慾之易汩也。

噫！食色之慾，與形氣俱生，則雖以堯、舜之聖，固未嘗與桀、紂異也。此乃惟危之人心，而不可屬之本然之善，則孟子所謂良知、良能，非指此等處也。

噫！張子"二氣良能"之言，蓋言陰陽屈伸之自然而然，莫之爲而爲也。此不過取"良能"二字，形容鬼神之情狀，而其精神之變化，自有微妙之功用，則謂之"良能"，不亦宜乎？然此自二氣之良能耳，非孟子所謂良能，則今以其文字之同，而必欲攀援而比類之。愚之所惑，正在此等處矣。

噫！孟子之說出良知、良能，其所以感發固有之善心，而使致充擴之極工，其用意至切，其爲功至大矣。然其所以察夫何者爲良知、良能而可擴而充之，何者爲外誘物欲而可克而去之，審夫二者之間而不雜，識夫本心之善而不失者，惟在學、問、思、辨之功而已。

彼厭勤勞而安簡便者，倡爲頓悟之學，以自陷於葱嶺餘敎，則考亭夫子嘗明目極口，爲學者力言，而大賢旣沒，邪說未熄，至皇朝王伯安而猖狂極矣。

掇得孟子良知、良能一語，以爲致孩提愛敬之知，則不勞學問思辨之功，而可以爲聖爲賢，抹倒孟夫子"知性知天"之訓，此其假借聖言，迷謬後學，非特誣天下也，實則誣孟子也。此豈非吾道之罪人乎？

嗚呼！人之一心，洞然虛靈，而凡厥衆理燦焉備具。日用之間，隨感而發，應接之際，觸類而動，此非安排尋索而致者。乃根於天理之常，本諸此心之公，不學而自能者也。苟能擴充之、推達之，如愚嚮所云云，則中和位育之極功、明德新民之大業，亦何可外此而求哉?

然而有生之初，禀氣有拘，則所謂良知、良能者，已不無聖愚之差殊。外物之接，私慾益蕩，則其所知、所能者漸爲消鑠之歸，虛明之體、妙應之用，殆不可復覩焉，則其與蠢蠢者幾何殊哉?

噫！天之賦與，固無古今之殊，則今人之良知、良能，卽堯·舜、孔·孟之良知、良能。是何堯·舜、孔·孟獨全其良知、良能，而今世之士乃不能也? 若謂存養之功、省察之方不及古聖賢而然，則彼王氏所謂“致良知”者，未嘗不曰“存養”、曰“省察”，而卒流於西方之異學焉。執事所謂“存養”、“省察”者，雖是求心之要訣，而前乎此者豈無事在乎?

嗚呼！執事之勤勤焉以良知、良能策我諸生者，其必謂有新奇之言，可以發揮微奧也。乃愚則嘗謂爲學而務新奇者，未有無弊者。如王氏之猖狂至此，亦是務新奇之過也。今愚於執事之問，誠不敢爲別般說話，只明問中“學問而復其初”者一語足矣。

夫學問之道，無他焉，知其所未知者而已矣。今使孩提之有良知、良能者，設使無氣質、情慾之拘蔽，其所知者不過愛親、敬兄自然之心而已。其於何如則爲孝，何如則爲弟，何如而盡溫凊之節，何如而盡應對之禮，以至致曲、處變之不一其道者，苟非格致之功，其何由盡知之哉?

觸類而言，他事可知。人不可以不學也如此，況於氣禀有拘、物欲有蔽之後，欲明其所已昏，察其所已失，而復其本然之良心者，若不孜孜於學問思辨之功，是不猶反鑑而索照者乎？

雖然良知、良能非吾之所獨私也，蓋天下之人所同得焉，則孟子之訓，亦以達之天下。終焉天下之人，有是良知、良能而汨於舊染，習於衰俗，終不能學以復其初者，豈非仁人、聖王之所惻然者乎？

今欲使一世之人擧有以推廣良知、良能，以致擴充之極功，則要不過學以明義理而已，而其以身先之用爲表率之本，如執事所謂“輔翼匡直之道”者，其惟在我聖上。亦願執事入告廈氈之上，益仰勉時敏之聖學，則不惟一國之士擧有自新之效，雖至愚之民亦將日遷善而不自知矣。

篇將終矣，復有獻焉。古人所以教育人者，可謂盡矣。旣有大學之敎，使學者講格、致、誠、正之學，而格致之前，復有所謂“小學”者焉。自其八歲之幼，良知、良能之方存，而已教之以灑掃·應對·進退之節、禮·樂·射·御·書·數之文，使之固其肌膚筋骸之束，而養其良知、良能之天，卒之習與性成，化與心俱，則長而入於大學格致之敎，易爲力焉，而所謂良知、良能可以保而無失矣。

三代以後，此道廢矣，小學之敎，不復見於世，則哀我人斯！雖有愛親、敬兄之心，其將何以自遂耶？朱夫子爲是憫焉，編輯傳記，以爲《小學》一書，其有功於蒙士而養其良知、良能者，厥亦大矣。幼學之士，所宜服膺勿失，而其不幸而壯而失學者，又有敬之一字，可以補小學之闕，而復已喪之良知、良能。凡我同學之士，舍此道而奚求哉？此非愚之言也，乃考亭夫子之訓也。執事無以爲迂也。謹對。

安不忘危箴【幷序○春塘臺庭試居魁】

於戲！臣蓋讀《書》之典謨，而喟然嘆息，知唐、虞之所以爲唐、虞也。噫！以其君則堯、舜，以其臣則皐、夔、稷、契，以其治則協和平成，斯可謂至安而無危矣。乃其上下吁咈，必曰“儆戒無虞”，必曰“保邦未危”，凜凜恤恤，常若淵谷臨而槃水持焉，嗚呼！斯其爲泰山磐石之基歟！

惟我主上殿下，守成業撫泰運，固嘗慨然以唐、虞爲期，而其於治忽、興喪之幾，尤兢兢焉。間者不幸，凶孽肆亂，詬天射日，震我京師，害我生靈。衆志驚擾，有一線之危，而乙丙之枕，爲之靡安，累旬日矣。

惟天佑我宗祏，王師奏捷，逆徒就殄，邦命得以再鞏，民心得以少寧，而今臣不肖又得隨多士後，入造禁籞，瞻黼座之肅肅，仰天顔之穆穆。

昔之憂危震驚者，盡化而爲欣欣然喜色，太平萬世之業，方且爲吾王祝願，而乃殿下惕惕然不以自安，思聞夫箴規之言。

嗚呼！漢文之世，可謂安矣，而賈誼猶以“抱火厝薪”痛哭而喩之。今惟我國家，雖大亂甫定，而其危虞之劇，固不啻文帝之世，則識者之深憂亦久矣。

顧我殿下警戒之意，實有堯、舜之心焉。推斯心也，於以致唐、虞太寧之治，何有哉？犬馬愚忠，竊嘗抱耿耿于中，今逢斯會，不勝感激。謹拜手稽首爲箴以獻，竊附古人丹扆之戒焉。其箴曰：

惟天樹辟，惟辟經邦，厥命靡常。
安危之幾，如手反覆，間無毫髮。
大業方鞏，洪運方熙，若無可虞。
如盈必溢，如崇必圮，其安易危。
夫惟聖王，兢惕夙夜，一念靡惰。
皇路和鑾，若朽索馭，惟恐或墜。
恬波穩舟，若瞿塘濟，惟恐臬𣩵。
皇皇黼芾，天位孔艱，我心奚安？
懍懍春氷，禍兆孔畏，我心奚弛？
惟玆宴安，甚於鴆毒，無皇曰樂。
厥或昧此，以逸自肆，覆亡必至。
一心有間，大位斯隳，嗚呼其危！
安爲危兆，危爲安原，若機牙然。
於皇聖后，業撫綦隆，思齊虞、唐。
凶孼之作，天以儆予，俾隆至化。
艱虞始定，儆惕斯切，望治如渴。
推玆聖念，兢兢不忘，邦其永昌。
宵錦旰玉，毋或怠荒，戒存苞桑。
誠無間斷，敬以緝續，不弛一息。

仰瞻宸扆，拜手陳箴，敢罄愚忱。

中宮殿患候平復後，大殿百官陳賀箋【癸丑】

鴻圖撫運，迓景命之方申，翟闈報祥，欣美疢之遄已，呼嵩之賀，匝域攸同。

恭惟主上殿下，仁涵肖翹，道參高厚，宮庭化導。符盛德於周文，宵旰憂勤，納良箴於齊后，肆五福之敷錫。

俾萬品而咸寧， 何意壼候之愆和？ 用致宸衷之軫慮，厥證類痘，湯餌調適之殫方，翌日告瘳。飮膳興居之如舊，朝野有抃手之喜，黼扆紓均體之憂。

伏念臣等，幸際昌期，同囿大造，舞蹈趨列，粗伸燕賀之忱，修齊致治，佇頌麟趾之化。

六蔽箴【同玉堂諸僚製進】

人心本明，己私易蔽。血氣之用，助而爲害。
謂人莫若，謂吾無失。求勝務逞，心勞日拙。
謙謙受益，寔曰聖智。萬善斯歸，其尊孰比？
【右，好勝人。】

人有疾痛，必求湯砭。小體猶愛，大胡罔念？

惟心有過，恥聞規戒。其過滋長，其恥益恥。
於休聖王，好善拜昌。日月之食，旣更彌光。

【右，恥聞過。】

無過而諫，我則加勉。有過而告，我斯遷善。
猶懼不聞，奚暇多言？才辯捷疾，彼狡灾身。
丹朱之傲，豈於舜憂？伯益矢謨，帝拜曰兪。

【右，騁辯給。】

惟皇代天，視聽自民。耳目之廣，寔賴群言。
皎皎察察，豈曰聰明？上亢下壅，禍亂斯生。
先王是懼，植旌置鼓。穆然堂階，四達靡阻。

【右，衒聰明。】

大君之尊，赫焉其威。賞之導言，猶鮮忠規。
臨以嚴厲，下情奚達？雷霆所擊，孰不糜折？
康色念猷，聖有徽言。體仁長人，惟乾之元。

【右，厲威嚴。】

六馬朽索，凜乎其危。臣哉隣哉，以匡以維。
恃强肆愎，嗚呼其殆。違衆孤立，未或不敗。
斯古哲辟，畏相成王。詢蕘謀庶，衆心爲城。

【右，恣强愎。】

貞則復元賦【甲寅】

暖律窮嚴氣積，萬萌枯百谷涸，坏封閉垤，衆蟄攸伏。余在書室，時方玩《易》，墐牖塞向，凝思靚默，喟然語客曰：“樂哉！乾坤生物之心也！”

客曰：“何居？一氣玄冥，萬化俱潛。盈天地中，冱寒凝陰，發育之仁，殆乎其熄。子雖善觀，于何識之？”

余曰：“唯唯。吾且語子。夫璇璣回斡，一息靡已，四序區分，春爲其始。惟朱夏之明茂，與素秋之淸肅，爰曁玄冬，靜翕揫束。咸根極於一元，固生理之流行。

然而陰陽如環，闔闢相仍。猗玄律之貞固，寔終始之機括，則其氷霜凝涸、風氣栗烈，所以堅化之基、蓄生之原。

木將句萌，必先晦于根，水將滋潤，必先養其源。龍蛇不蟄，安能存身？尺蠖不屈，何以求伸？故雖二儀慘憹，積冱凌兢，藹然陽和之氣，實相承于其中。

由是哲人之觀物也，不求其形而求其幾，不於其彰而於其微。鄒賢之論夜氣，驗山木之萌滋，堯夫之玩物理，看好花於未開。苟非翕聚之深功，烏能啓生育之機？

惟天有道，弘之者人，成性存存，寔禀于天。雖富貴福澤旣膴且優，而艱難憂患亦與之俱將，使動心忍性，增益其所不能，譬冬候之慘洌，啓新陽之潛升。藹善端之莫遏，諒由斯而玉成，方知惕焉憂厲之會，則爲盎然和泰之本。

時屬艱虞，念勤宵旰。否泰往來，天心可見，殷憂將以啓聖，多艱所以興邦。苟淵氷之常惕，奠盤石之斯寧，安知泰階之平不，權輿於今辰？惟貞固爲立志之本，惟剛毅爲制事之原。服嚴翼而勿懈，覬盛德之日新，敷玄化於沕穆，囿烝民於壽域。微忱切於負暄，敢有望於聖辟。”

春帖【丁巳】

受之天者本全無不足，得之人者已泰無可欲。但當祈合於天，寧復有求於人？

出則暖春凉秋，佳山秀水，入則晴牖燈窗，遺經古史。

著者 **吳瑗**

1700(肅宗26)~1740(英祖16). 朝鮮 後期의 文臣으로 本貫은 해주(海州), 字는 伯玉, 號는 月谷이다. 祖父는 吳斗寅, 生父는 吳晋周, 生母는 金昌協의 딸이며, 海昌尉 吳泰周와 明安公主에게 입양되었다. 李縡의 妻姪이며 弟子이다. 1728年(英祖4) 庭試 文科에 壯元及第하였으며 文學으로 名聲이 높았다. 南有容, 李天輔, 黃景源과 더불어 英祖代 四家로 꼽히며 이들과 친밀하였다. 老論의 嫡統으로서 蕩平策을 반대하였으며, 王에게 聖學의 긴요한 任務를 條目을 들어 밝히고 聖德의 문제와 時政의 잘잘못을 거론하였다. 淸要職을 두루 거치고 江華 留守, 弘文館 大提學, 工曹 參議 등을 지냈다. 死後에 아들 吳載純의 현달로 左贊成에 추증되었다. 그의 文章은 淸絶하다는 評을 들었다. 著書로《月谷集》이 있다. 謚號는 文穆이다.

校勘標點

朴在錦

1953년 釜山에서 태어났다. 梨花女大 國文科를 卒業하고 同大學院에서 漢文學을 공부하여〈無衣子 慧諶의 詩 硏究〉로 博士學位를 받았다. 현재 梨花女大 韓國文化硏究院 硏究敎授로 在職하고 있다.〈고려후기 偈頌을 통해 본 禪과 일상〉등의 논문과 著書《韓國 禪詩 硏究》가 있고, 飜譯書로는《臥薪嘗膽의 마음으로 日本을 기록하다(元重擧의 和國志)》,《瀋陽狀啓》,《江漢集》(共譯) 등이 있다.

李恩英

1965년 충북 음성에서 태어났다. 梨花女大 國語國文學科를 卒業하고 同大學院에서〈朝鮮 初期 祭文 硏究〉로 博士學位를 받았다. 民族文化推進會 國譯硏修院 硏修部·一般硏究部 과정을 卒業하였다. 현재 梨花女大 韓國文化硏究院 硏究敎授로 있다. 著書에《祭文, 樣式的 슬픔의 美學》·《禮와 情의 調和와 變奏》, 共譯書에 洪吉周 文集《峴首甲藁》·《縹礱乙幟》·《沆瀣丙函》과《譯註 估畢齋集》,《江漢集》등이 있다.

洪學姬

1965년 서울에서 태어났다. 梨花女大 國語國文學科를 졸업하고 同大學院에서〈栗谷 李珥의 詩文學 硏究〉로 博士學位를 받았다. 현재 梨花女大 韓國文化硏究院 硏究敎授로 在職하고 있다.〈韓國 道學詩 硏究의 몇 가지 問題〉·〈18~19世紀 成海應 집안 女性들의 삶〉등을 著述하였으며,《富士山 琵琶湖를 날듯이 건너(成大中의 日本錄)》·《19세기·20세기 初 女性生活史 資料集 1》,《江漢集》등을 번역하였다.

圈域別據點研究所協同飜譯事業 研究陣

研究責任者 **金東俊**(梨花女子大學校 國語國文學科 敎授)
共同研究員 **趙惠蘭**(梨花女子大學校 國語國文學科 敎授)
校閱 **金東柱**(傳統文化研究會 國譯委員)
責任研究員 **李恩英**(梨花女子大學校 韓國文化研究院 研究敎授)
李珠海(梨花女子大學校 韓國文化研究院 研究敎授)
洪學姬(梨花女子大學校 韓國文化研究院 研究敎授)

校勘標點
月谷集3

吳瑗 著 | 朴在錦·李恩英·洪學姬 校點
初版 1刷 發行 2020年 12月 31日
編輯·發行 학자원 | 登錄 2011.4.6. 第2011-14號
住所 05355) 서울市 江東區 千戶大路 1121
電話 02-6403-1000 | 팩스 02-6338-1001 | 이메일 hakjaone@daum.net

값 20,000원
ISBN 979-11-6247-204-0 94810
979-11-6247-103-6 (세트)